O Gestor Eficaz
em Acção

Uma agenda para fazer as coisas certas acontecerem

O GEN | Grupo Editorial Nacional – maior plataforma editorial brasileira no segmento científico, técnico e profissional – publica conteúdos nas áreas de ciências sociais aplicadas, exatas, humanas, jurídicas e da saúde, além de prover serviços direcionados à educação continuada e à preparação para concursos.

As editoras que integram o GEN, das mais respeitadas no mercado editorial, construíram catálogos inigualáveis, com obras decisivas para a formação acadêmica e o aperfeiçoamento de várias gerações de profissionais e estudantes, tendo se tornado sinônimo de qualidade e seriedade.

A missão do GEN e dos núcleos de conteúdo que o compõem é prover a melhor informação científica e distribuí-la de maneira flexível e conveniente, a preços justos, gerando benefícios e servindo a autores, docentes, livreiros, funcionários, colaboradores e acionistas.

Nosso comportamento ético incondicional e nossa responsabilidade social e ambiental são reforçados pela natureza educacional de nossa atividade e dão sustentabilidade ao crescimento contínuo e à rentabilidade do grupo.

O Gestor Eficaz em Ação

Uma agenda para fazer as coisas certas acontecerem

Peter F. Drucker
e *Joseph A. Maciariello*

Tradução
Marcia Nascentes

Revisão técnica
Mário Persona

A editora empenhou seus melhores esforços para citar adequadamente e dar o devido crédito a todos os detentores de direitos autorais de qualquer material utilizado neste livro, dispondo-se a possíveis acertos posteriores caso, inadvertida e involuntariamente, a identificação de algum deles tenha sido omitida.

Reservados todos os direitos. É proibida a duplicação ou reprodução deste volume, no todo ou em parte, em quaisquer formas ou por quaisquer meios (eletrônico, mecânico, gravação, fotocópia, distribuição pela Internet ou outros), sem permissão, por escrito, da LTC Editora.

Título original: *The Effective Executive in Action, First edition*

Copyright © 2006 by Peter F. Drucker
All rights reserved

Direitos exclusivos para a língua portuguesa
Copyright © 2007 by
LTC | Livros Técnicos e Científicos Editora Ltda.
Uma editora integrante do
GEN | Grupo Editorial Nacional
Travessa do Ouvidor, 11
Rio de Janeiro – RJ – 20040-040
Tels.: (21) 3543-0770 | (11) 5080-0770
Fax: (21) 3543-0896 | (21) 2221-3202
faleconosco@grupogen.com.br
www.grupogen.com.br

Editoração eletrônica: Anthares

Ficha catalográfica

D857 g

Drucker, Peter Ferdinand, 1909-2005

O gestor eficaz em ação: uma agenda para fazer as coisas certas acontecerem / Peter F. Drucker e Joseph A. Maciariello; tradução Marcia Nascentes; revisão técnica Mário Persona. - [8. Reimpr.]. - Rio de Janeiro: LTC, 2019.

Tradução de: The effective executive in action, 1st ed

ISBN 978-85-216-1577-4

1. Liderança. 2. Capacidade executiva. 3. Eficiência organizacional. 4. Processo decisório. 5. Administração de empresas. I. Maciariello, Joseph A. II. Título.

07-2457.   CDD: 658.409
                        CDU: 65.011.4

A eficácia *pode* ser aprendida.
A eficácia *deve* ser aprendida.

Peter F. Drucker
O Gestor Eficaz

Apresentação

A surpresa da fênix

Pensei, sinceramente, que, depois de 11 de novembro de 2005, data de seu falecimento, Peter fosse parar de me surpreender; mas ele conseguiu de novo. Como uma fênix, a ave mitológica que renasce das cinzas, ele arrumou um modo de continuar propagando suas ideias, mesmo depois de nos deixar – lançou um livro póstumo. Desconfio que mais obras irão surgir, e nada me tira da cabeça que Peter planejou essa continuidade. Ele quis continuar cumprindo sua missão na Terra e resolveu fazê-lo por intermédio de outras pessoas. Joseph Maciariello é uma delas; seu colega na Claremont University, ensina o pensamento druckeriano há mais de 30 anos e manteve com o mestre uma relação de amizade e confiança.

Escrevi na *HSM Management* que Peter era um iluminado, o que provocou grande repercussão. Não vejo, de fato, outra explicação para seu imenso celeiro de ideias originais, para seu repertório de conhecimentos quase inesgotável e para o desapego que demonstrava em uma sociedade competitiva como a nossa; ele gostava, genuinamente, de transmitir seus conhecimentos ao próximo. Peter foi o primeiro a se preocupar com o papel do ser humano nas empresas e o que mais chegou perto de entendê-lo: nunca viu o trabalho apenas como cumprimento de funções; para ele, a interação humana era o que importava.

Você pode, portanto, enxergar este livro que está prestes a ler como fruto da iluminação de Peter. O velho mestre inventou a gestão de si mesmo, o *managing oneself*, quando lançou *O Gestor Eficaz* (*The Effective Executive*), em 1967. Ele ensinou que todos nós devíamos nos autoadministrar como fazemos com nossas empresas. Os diversos livros que trataram o tema, depois, inspiraram-se nessa fonte. E, agora, Peter lança esta agenda, que acrescenta conteúdo, inova na forma e inclui a valorosa participação de Jack Welch e Jim Collins, dois fiéis seguidores – de certo modo, sucessores de Peter, respectivamente, nas áreas empresarial e acadêmica –, com os quais também tenho tido o prazer de conviver nos eventos organizados pela HSM.

Em contrapartida, você pode enxergar este livro que está prestes a ler como um relato da própria vida de Peter. É a receita de como ele deu certo no trabalho – filtrada, é claro, pelas experiências dos milhares de executivos com quem conviveu em variadas épocas. Sua disciplina fenomenal sempre me deixou abismado. Ele conseguia trabalhar sozinho, em casa, produzia dezenas de livros e artigos, prestava consultorias, ministrava aulas e palestras, sustentava seu padrão de vida dedicando metade de seus dias às organizações sem fins lucrativos, e ainda lhe sobravam tempo e disposição para a vida pessoal e o ócio criativo.

Gostei muito da inovadora forma de agenda, com o "como fazer" em textos curtos e práticos. Nela, você aprende que o importante é focar em resultados e saber com quem trabalha, bem como desenvolve outras maneiras de gerir pessoas (individualmente e em equipe), relacionamentos, reuniões, tempo etc. Eu, particularmente, aprecio a parte em que ele fala em concentrar-se nas próprias forças em vez de perder tempo corrigindo as fraquezas. Eu fiz isso em minha carreira de tenista profissional – treinava principalmente minhas forças, que eram saque e jogo de rede – e continuo fazendo isso hoje como executivo, o que devo, sem dúvida, a Peter.

Espere... Há um terceiro modo de você enxergar este livro: como uma lição de humanidade. Nas entrelinhas, Peter deixa claro que nem todos os executivos precisam ser iguais, como alguns consultores talvez deem a entender com suas regras e réguas.

Permita-me, por último, uma inconfidência, que agradará principalmente às leitoras deste livro: o executivo mais admirado por Peter era uma mulher – Frances Hesselbein, que gerenciou muito bem organizações sem fins lucrativos, caminhando na corda bamba entre os recursos limitados e as ambições elevadas.

José Salibi Neto
HSM do Brasil

Prefácio

As palavras-chave deste livro são *EFICÁCIA* e *AÇÃO*. Não faltam gestores bem instruídos e gestores eficazes; porém, é raro encontrá-los. Os gestores não têm sido pagos por aquilo *QUE SABEM*, mas por *FAZEREM AS COISAS CERTAS ACONTECEREM*. Este livro discute sobre como decidir o que é certo e como conseguir realizar isso — resultado da condensação de 60 anos de trabalho com gestores eficazes na área de negócios, governo, forças armadas, igrejas e em outras instituições sem fins lucrativos, como universidades, museus, hospitais e sindicatos, nos EUA, Canadá, Reino Unido, Europa continental, Japão e Ásia continental.

Este livro é sobre *o que fazer* e *como fazer*. É também uma ferramenta de autodesenvolvimento. Ao utilizar as seções de anotações para registrar decisões, os motivos subjacentes e os resultados esperados, comparando isso com resultados reais, gestores e outros colaboradores aprenderão rapidamente o que eles fazem bem, o que precisam aperfeiçoar e o que não são capazes de fazer nem devem tentar. *Eles aprenderão a identificar em que área podem atuar.*

O formato deste livro foi desenvolvido por meu amigo e colega de trabalho, Joseph A. Maciariello, que me ensinou esse ofício por 30 anos e sabe fazer isso melhor do que eu. O professor Maciariello escolheu os tópicos; em seguida, selecionou trechos específicos dos meus livros e de trabalhos de outros autores, que constituem o corpo deste livro, e formulou as perguntas. Meus leitores e eu somos muito gratos ao professor Maciariello.

Contudo, o livro em si deve ser o somatório de comentários, ações, decisões e resultados registrado por cada *gestor* que o utilize como ferramenta para alcançar a eficácia.

Peter F. Drucker
Claremont, Califórnia
Outono de 2005

Introdução

Como utilizar este livro

O GESTOR EFICAZ EM AÇÃO É UM LIVRO QUE SUPLEMENTA O GESTOR EFICAZ, UMA DAS OBRAS-PRIMAS DE DRUCKER. O GESTOR EFICAZ EM AÇÃO É UM GUIA PASSO A PASSO DE AUTOTREINAMENTO PARA VOCÊ COLOCAR EM PRÁTICA OS FUNDAMENTOS DE O GESTOR EFICAZ E PARA SE TORNAR UMA PESSOA EFICAZ, UM TRABALHADOR DO CONHECIMENTO EFICAZ E UM GESTOR EFICAZ; OU SEJA, *FAZER AS COISAS CERTAS ACONTECEREM*. ESTE LIVRO, CERTAMENTE, IRÁ AJUDÁ-LO A DESENVOLVER HÁBITOS DE EFICÁCIA, A APLICAR SABEDORIA ÀS SUAS TAREFAS.

Há cinco *práticas* ou *habilidades* necessárias para ser uma pessoa eficaz, a saber:

- Gerenciar seu tempo
- Esforçar-se para oferecer contribuições
- Tornar os seus pontos fortes produtivos
- Concentrar seus esforços nas tarefas mais importantes para alcançar resultados
- Tomar decisões eficazes.

A primeira prática, gerenciar seu tempo, e a quarta prática, concentrar seus esforços nas tarefas mais importantes para alcançar resultados, são os dois princípios fundamentais da eficácia.

Todos os recursos necessários para o exercício de seu trabalho podem ser flexíveis e conseguidos em maior ou menor quantidade, com exceção do tempo. O tempo é um recurso limitado, razão pela qual o seu gerenciamento é fundamental para que você consiga fazer as coisas certas acontecerem. Para aumentar sua própria eficácia, comece identificando como você emprega seu tempo e, depois, tome providências para eliminar as tarefas que desperdiçam esse recurso e o de outras pessoas.

Após eliminar as situações que desperdiçam seu tempo, a segunda ação mais importante será definir prioridades para a utilização do seu tempo e concentrar sua aplicação nas tarefas de prioridade mais alta, ou seja, aquelas que podem oferecer a maior contribuição para a sua empresa. Estabelecer prioridades e concentrar os esforços nelas é uma habilidade que exige percepção e coragem.

As outras três habilidades e práticas de nossa lista giram em torno desses dois princípios fundamentais: gerenciamento do tempo e concentração em prioridades.

Para fazer as coisas certas acontecerem, você precisa aprender a concentrar seu tempo e seus esforços nas tarefas que produzirão os melhores resultados para a empresa. Aqui, sua primeira preocupação deve ser: "quais são os resultados esperados na minha função?".

Depois, "como posso obter o comprometimento de outras pessoas para que me ajudem a alcançar esses resultados?".

Em seguida, você deve aprender a se concentrar nos seus pontos fortes, bem como nos de seus chefes e subordinados. Procure desenvolver seus talentos e os de outras pessoas. Suas decisões sobre gestão e avaliação de pessoal devem se basear no que um indivíduo é capaz de fazer, nos seus pontos fortes, e não nos seus pontos fracos. Caráter e integridade são as únicas exceções à regra do foco nos pontos fortes nas decisões de gestão de pessoal. A presença da integridade em si não implica bons resultados, mas sua ausência nos líderes da sua empresa compromete todo o resto por causa do mau exemplo que isso representa para outras pessoas.

A última prática da eficácia é a tomada de decisão. Gestores eficazes tomam decisões eficazes. Para tomar decisões eficazes, você precisa adotar alguns procedimentos, como, por exemplo, verificar se definiu o problema adequadamente e se estabeleceu as especificações corretas para uma decisão eficaz. Decisões eficazes costumam resultar de um conflito de opiniões, e decisões só são eficazes quando colocadas em prática e acompanhadas por meio de *feedback* dos seus resultados.

A simples leitura deste livro não transformará você em uma pessoa eficaz. Habilidades são desenvolvidas por meio da "ação" e da prática constante, e este livro oferece a você a oportunidade de alcançar este objetivo. Cada item se inicia com um texto que contém os fundamentos que possibilitarão a você questionar-se quanto à sua eficácia; em seguida, há propostas de ações. Para aproveitar melhor o livro, procure fazer anotações nos espaços destinados a isso após cada proposição. Os *questionamentos* e as *ações* são os exercícios deste livro para o desenvolvimento de habilidades.

Os questionamentos propostos servem para você avaliar suas práticas atuais e o orientam a fornecer respostas específicas. As ações, por outro lado, visam a apontar procedimentos para melhorar seu desempenho e seus resultados. Procure formular ações específicas que sejam adequadas à autogestão e à gestão da empresa.

Sugerimos que você aprenda uma habilidade de cada vez. Cada item deste livro está relacionado com o seu equivalente no livro de origem, *O Gestor Eficaz*. No final de cada ensinamento há resumos com referências a trechos específicos e gerais do livro *O Gestor Eficaz*.

Os ensinamentos contidos nesta obra foram atualizados para refletir os muitos livros que Peter Drucker publicou depois de *O Gestor Eficaz*. Sempre que se detectou que Peter Drucker havia escrito ou proferido algo especificamente relacionado com uma das cinco práticas propostas anteriormente, o material foi devidamente incorporado.

Você encontrará neste livro vários quadros que contêm trechos de outros trabalhos de Peter Drucker relacionados com cada tópico. Em alguns casos os quadros também contêm trechos de outros autores, que complementam o tema abordado na leitura.

Esperamos que você seja bem-sucedido na sua busca pela eficácia. Lembre-se de que, com exceção da "integridade", que está relacionada com o "ser", as cinco habilidades da eficácia estão relacionadas com o "fazer". Consequentemente, as habilidades da eficácia só podem ser adquiridas pela prática contínua.

A eficácia *pode* ser aprendida. A eficácia *deve* ser aprendida.

Nota dos Autores

Este livro difere significativamente de *O Gestor Eficaz*, de Peter Drucker, quanto ao objetivo, escopo e abordagem. No entanto, *O Gestor Eficaz em Ação* se baseia em *O Gestor Eficaz* e nos trabalhos subsequentes de Peter Drucker sobre o assunto, razão pela qual não hesitamos em fazer referências a eles sempre que consideramos apropriado aos objetivos deste livro.

Somos especialmente gratos a *O Gestor Eficaz*, a maioria das citações deste livro foi extraída ou adaptada de trechos dessa obra. Para atualizar e complementar trechos originais de *O Gestor Eficaz*, também utilizamos textos de dois dos artigos mais recentes de Peter Drucker em *The Harvard Business Review* ("Managing Oneself" – January, 2005, e "What Makes an Organization Effective" – June, 2004).

A leitura do texto "Torne Produtivas as Reuniões", no Capítulo 3, foi adaptada diretamente do artigo "What Makes an Organization Effective", assim como os 14 trechos adicionais que foram incluídos como citações.

Algumas leituras do Capítulo 4 são adaptações do artigo "Managing Oneself", assim como dez das citações mencionadas ao longo do texto. O Capítulo 6 foi parcialmente adaptado de "What Makes an Effective Executive" e do material publicado anteriormente em formato eletrônico, bem como dos Capítulos 6 e 7 de *O Gestor Eficaz*.

Gostaríamos também de mencionar a utilização de 12 trechos de uma entrevista com Peter Drucker, conduzida por Rich Karlgaard, "Peter Drucker on Leadership", *Forbes.com*, November 19, 2004.

Fazemos menção também à utilização de 11 trechos do livro *Paixão por Vencer*, de Jack Welch, Editora Campus/Elsevier, 2005; 11 trechos do livro *Empresas Feitas para Vencer*, de Jim Collins, Editora Campus/Elsevier, 2001; 3 trechos do livro *Jack: Definitivo*, de Jack Welch, Editora Campus/Elsevier, 2001; e 2 trechos do livro *Halftime*, de Bob Buford, Zondervan Publishing, 1994.

Finalmente, não podemos deixar de agradecer a Knox Huston e Leah Spiro, ambos da HarperCollins, pela ajuda na elaboração deste livro. *O Gestor Eficaz em Ação* foi ideia de Leah, e Knox Huston foi o editor do nosso livro. Os nossos mais sinceros agradecimentos aos dois.

Sumário

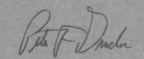

1 **Eficácia Pode Ser Aprendida, 1**
- Faça as coisas certas acontecerem, 3
- A autoridade do conhecimento, 5
- Realidades do gestor, 7
- A personalidade eficaz, 9

2 **Conheça o seu Tempo, 13**
- Tempo: o fator limitante da realização, 14
- Gerenciamento do tempo: os três passos, 16
- Registre o seu tempo, 18
- Elimine os ladrões do tempo, 19
- Delegue atividades, 20
- Não desperdice o tempo de outras pessoas, 22

- Elimine atividades que resultem de mau gerenciamento, 24
- Excesso de pessoal, 26
- Má organização, 28
- Falhas nas informações, 30
- Crie e consolide blocos de tempo discricionário, 32
- Utilização eficaz do tempo discricionário, 34

3 Com o que Você Pode Contribuir?, 37

- Foco na contribuição: resultados, valores e desenvolvimento de pessoas, 39
- Foco em resultados, 41
- Contribuição de trabalhadores do conhecimento, 44
- Três aspectos-chave de desempenho, 45
- Resultados diretos, 46
- A que se propõe a organização?, 47
- Sucessão executiva, 49
- Foco em contribuição e desenvolvimento de pessoas, 51
- Desafios e contribuição, 53
- Falha executiva, 54
- Transmissão de conhecimento, 55
- Bom relacionamento humano, 57
- Comunicações, 59
- Trabalho em equipe, 61
- Autodesenvolvimento individual, 63
- Desenvolva outras pessoas, 64
- Torne produtivas as reuniões, 65
- Reuniões eficazes, 68

4 Como Tornar Produtivos os Pontos Fortes, 71

- Propósito da organização, 74

- Gestão de pessoal com base em pontos fortes, 76
- Pontos fracos das pessoas, 77
- Procure os pontos fortes notáveis, 79
- Torne cada função exigente e importante, 80
- Torne irrelevantes os pontos fracos, 82
- Trabalhos estruturados para se adequar a personalidades, 84
- Etapas decisivas para tomar decisões eficazes na gestão de pessoal, 86
- Pense na atribuição, 88
- Considere várias opções de pessoas qualificadas, 89
- Analise os registros de desempenho dos candidatos, 90
- Discuta sobre candidatos com ex-colegas de trabalho, 92
- A pessoa indicada para o cargo deve compreender a atribuição, 94
- Cinco regras fundamentais para a tomada de decisões eficazes na gestão de pessoal, 96
- Responsabilidade por colocações erradas, 98
- Responsabilidade por remoção de pessoas com desempenho fraco, 100
- Como escolher a pessoa certa para cada cargo, 102
- Uma segunda chance, 103
- Coloque recém-contratados em funções já existentes na empresa, 105
- Avalie com base em pontos fortes, 107
- Caráter e integridade, 109
- Como administro meu chefe?, 111
- Uma lista de chefes, 113
- *Input* de chefes, 115
- Ajude os chefes a serem produtivos, 116
- Concentre-se nos pontos fortes dos chefes, 118
- Mantenha os chefes informados, 120
- Evite surpresas, 122

- Erros comuns na administração do chefe, 124
- Autogestão, 126
- Etapas da autogestão, 128
- Identifique seus pontos fortes, 129
- Reconheça seu estilo de trabalho, 132
- Determine a melhor maneira de dar sua contribuição, 134
- Assuma responsabilidade sobre relacionamentos de trabalho, 137
- Desenvolva oportunidades para a segunda metade da sua vida, 140

5 Primeiro as Primeiras Coisas, 143
- Concentração, 145
- Abandono, 148
- Quando o abandono é sempre a decisão correta, 150
- Um processo de abandono, 152
- Concentre-se em poucas tarefas, 154
- Prioridades e posterioridades, 156
- Adie o trabalho de alta gerência, 158
- Decida sobre posterioridades, 160
- Regras para definição de prioridades, 162

6 Elementos da Tomada de Decisão, 165
- Tomada de decisão, 167
- É realmente necessário tomar uma decisão?, 169
- Elementos da tomada de decisão eficaz, 171
- Classificação do problema, 173
- Definição do problema, 175
- Especificações de uma decisão, 177
- Decida sobre o que é certo, 179
- O acordo certo, 181
- Converta a decisão em ação, 183

- Teste a decisão em função de resultados reais, 185
- A decisão eficaz, 188
- Comece por hipóteses não testadas, 190
- Opiniões em vez de fatos, 192
- A divergência é necessária, 194
- A decisão, 196

Conclusão: A Eficácia Deve Ser Aprendida, 199
- A grande esperança de tornar produtiva a sociedade, 200

O Gestor Eficaz
em Acção

1
Eficácia Pode Ser Aprendida

- Faça as coisas certas acontecerem, 3
- A autoridade do conhecimento, 5
- Realidades do gestor, 7
- A personalidade eficaz, 9

Eficácia significa fazer as coisas certas acontecerem. Trata-se de um *hábito* que consiste no exercício de cinco práticas. Você pode adquirir o hábito de eficácia pela prática, da mesma maneira que adquire qualquer outro hábito.

São estas as cinco práticas do gestor eficaz:

- Gerenciar seu tempo
- Esforçar-se para dar contribuições
- Tornar produtivos os seus pontos fortes
- Concentrar seus esforços nas tarefas mais importantes para alcançar resultados
- Tomar decisões eficazes.

A simplicidade dessas práticas pode nos iludir, pois são extremamente difíceis de serem bem desempenhadas. Você precisará incorporá-las, assim como aprendeu a tabuada, ou seja, repetiu *ad nauseam* até que "6 × 6 = 36" tornou-se um reflexo condicionado, um cálculo que se faz de cabeça e um hábito bem consolidado.

Do mesmo modo, as cinco práticas da eficácia são aprendidas praticando, praticando e praticando repetidas vezes. (Ver Capítulo 1 de *O Gestor Eficaz*.)

Faça as coisas certas acontecerem

- Para ser eficaz, o trabalhador do conhecimento deve, em primeiro lugar, fazer as *coisas certas acontecerem*.

- Nas organizações modernas, qualquer trabalhador com conhecimentos é um gestor se, em virtude de sua posição ou deste conhecimento, for responsável por uma contribuição que afeta materialmente a performance da organização em obter resultados.
O Gestor Eficaz, *p. 20*

■ QUESTIONAMENTO

Para que eu sou pago? Para que eu devo ser pago na minha função se estou sendo remunerado para *fazer as coisas certas acontecerem*? Será que estou executando tarefas que não deveria executar?

_____
_____
_____
_____
_____
_____
_____
_____
_____
_____
_____
_____
_____
_____

Ao assumir a posição de principal executivo na General Electric, Jack Welch percebeu que a expansão internacional que ele desejava iniciar não correspondia ao que precisava ser feito na empresa. Era necessário eliminar negócios que, independentemente do nível de rentabilidade, não eram capazes de ser o número um ou o número dois em seus segmentos.

Peter F. Drucker, "What Makes an Effective Executive",
Harvard Business Review, junho de 2004, p. 59

O que precisa ser feito

Líderes bem-sucedidos não começam perguntando: "O que eu quero fazer?" Eles perguntam: "O que precisa ser feito?" E em seguida: "Das coisas que fariam diferença, quais delas sou capaz de realizar?" Eles não se atêm ao que está além de sua capacidade. Providenciam para que outras necessidades sejam atendidas, mas não por eles; designam outra pessoa para a tarefa. Líderes bem-sucedidos procuram ser eficazes! Eles não temem os pontos fortes de outras pessoas. Andrew Carnegie desejava que fosse gravado na lápide de seu túmulo: "Aqui jaz um homem que sabia como colocar a seu serviço homens mais capazes do que ele próprio."

Entrevista por Rich Karlgaard, "Peter Drucker on Leadership",
Forbes.com, 19 de novembro de 2004

▪ Ação ▪

Elimine ou reduza as atividades que você não deveria estar executando, ou seja, aquelas que não contribuem para a eficácia. Relacione algumas delas.

_____
_____
_____
_____
_____
_____

A autoridade do conhecimento

- A autoridade do conhecimento certamente é tão legítima quanto a autoridade da posição.

- Do que poucos se convenceram até agora, contudo, foi a quantidade de pessoas que existem em qualquer organização, seja de negócios ou repartição governamental, laboratório de pesquisa ou hospital, *que têm de tomar decisões de impacto significativo e irreversível. Isso porque a autoridade do conhecimento é tão legítima quanto a da posição. [...] Além disso, tais decisões são do mesmo tipo das da alta administração.*

  O Gestor Eficaz, *p. 24*

Questionamento

Como minhas decisões afetam o desempenho geral da empresa? O que está limitando minha capacidade de dar contribuições?

_____
_____
_____
_____

Decisões são tomadas em todos os níveis da empresa... As decisões aparentemente menos relevantes são de extrema importância para uma empresa que se baseia no conhecimento. Pressupõe-se que trabalhadores do conhecimento saibam mais sobre suas áreas de especialização (p. ex., contabilidade tributária) do que qualquer outra pessoa. Portanto, é provável que suas decisões exerçam um impacto sobre a empresa como um todo.

Peter F. Drucker, "What Makes an Effective Executive",
Harvard Business Review, junho de 2004, p. 61

■ *Ação* ■

Faça uma lista com as etapas necessárias para remover os impedimentos que limitam sua capacidade de dar contribuições.

_____
_____
_____
_____
_____
_____
_____

O GESTOR EFICAZ EM AÇÃO

Realidades do gestor

- O problema fundamental é a realidade em torno do gestor.

  - Há quatro realidades principais sobre as quais o gestor não tem, basicamente, qualquer controle. Mas cada uma dessas realidades exerce uma pressão em direção à não obtenção de resultados e desempenho.
    1. O tempo do gestor tende a pertencer a qualquer outra pessoa.
    2. Os gestores são forçados [*pelo curso dos eventos*] a se manter em "funcionamento".
    3. O gestor só é eficaz se e quando outras pessoas podem fazer uso das contribuições que ele oferece.
    4. Finalmente, o gestor é parte de uma organização. Ele enxerga, se é que enxerga, o exterior através de grossas lentes que distorcem o que vê.

    O Gestor Eficaz, *pp. 26-29*

QUESTIONAMENTO

Quais são os principais eventos que me impedem de focar nos resultados? Sou um prisioneiro de eventos e políticas internas?

_____
_____
_____
_____
_____
_____

■ *Ação* ■

Comece a adotar medidas para mudar sua realidade a fim de se concentrar em contribuições e resultados. Não permita que o curso dos eventos determine suas ações.

_____
_____
_____
_____
_____
_____

A personalidade eficaz

- Todos os gestores eficazes têm em comum a habilidade de fazer as coisas certas acontecerem.

- Os gestores eficazes que já vi diferem amplamente em temperamento e habilidades, no que fazem e como fazem, em suas personalidades, conhecimentos, interesses – na verdade em quase tudo o que distingue os seres humanos. O único fato em comum é a capacidade de conseguir que as coisas certas sejam feitas.

O Gestor Eficaz, *p. 38*

QUESTIONAMENTO

Quem são os três trabalhadores do conhecimento eficazes na minha empresa? Quais são seus traços de personalidade marcantes? Como essas pessoas utilizam esses traços para criar hábitos de eficácia? O que isso me revela sobre a relação entre traços da personalidade e eficácia?

_____
_____
_____
_____
_____
_____
_____
_____

Gestores eficazes são muito diferentes em termos de personalidade, pontos fortes e fracos, valores e crenças. O único fato em comum é a capacidade de conseguir que as coisas certas sejam feitas. Alguns já nascem eficazes. No entanto, a demanda é alta demais para ser atendida por um talento fora do comum. A eficácia é uma disciplina. E, como toda disciplina, a eficácia *pode* ser aprendida e *deve* ser aprendida.

Peter F. Drucker, "What Makes an Effective Executive",
Harvard Business Review, junho de 2004, p. 63

A transição de empreendedor para CEO de uma empresa de grande porte

Novamente, vamos começar discutindo sobre o que *não* deve ser feito. Não tente ser outra pessoa. A essa altura, você já tem seu próprio estilo. E é dessa maneira que faz as coisas acontecerem. Não assuma tarefas nas quais não acredite, nem mesmo aquelas que não se sinta apto a realizar. Aprenda a dizer não. Líderes eficazes associam suas próprias competências subjetivas às necessidades objetivas da empresa. Como resultado, eles conseguem que uma quantidade significativa de tarefas seja feita rapidamente.

Entrevista por Rich Karlgaard, "Peter Drucker on Leadership",
Forbes.com, 19 de novembro de 2004

O perigo do carisma

Há 50 anos fui o primeiro a falar sobre liderança, mas, hoje, discute-se demais sobre o assunto, com ênfase exagerada, e dá-se pouca importância à eficácia. A única coisa que se pode falar sobre um líder é que ele é alguém que tem seguidores. Os líderes mais carismáticos do século 20 foram Hitler, Stalin, Mao e Mussolini. Mas eram líderes às avessas! Certamente a liderança carismática, por si, é superestimada em demasia. Veja que um dos presidentes norte-americanos mais eficazes dos últimos 100 anos foi Harry Truman, que não tinha um pingo de carisma. Truman era tão monótono quanto um peixe morto. Ele era venerado por todos os que trabalhavam para ele por ser realmente digno de confiança. Quando Truman dizia não, era não; quando dizia sim, era sim – e ele não dizia não para uma pessoa e sim para outra em relação ao mesmo assunto. Outro presidente eficaz dos últimos 100 anos foi Ronald Reagan. Seu ponto mais forte não era o carisma, como muitos costumam pensar, mas o fato de ele saber exatamente o que podia e o que não podia realizar.

Entrevista por Rich Karlgaard, "Peter Drucker on Leadership",
Forbes.com, 19 de novembro de 2004

Liderança de nível 5

"Uma das tendências mais devastadoras na história recente é a inclinação (especialmente dos Conselhos de Administração) para selecionar líderes excepcionais e desconsiderar líderes de nível 5 em potencial."

Jim Collins, *Empresas Feitas para Vencer*,
Rio de Janeiro: Editora Campus/Elsevier, 2001

Ação

Seja você mesmo. Utilize os traços da sua personalidade para criar hábitos de eficácia. Analise os pontos fracos que limitam a sua eficácia.

_____
_____
_____
_____
_____
_____
_____
_____
_____

2 Conheça o seu Tempo

- Tempo: o fator limitante da realização, 14
- Gerenciamento do tempo: os três passos, 16
- Registre o seu tempo, 18
- Elimine os ladrões do tempo, 19
- Delegue atividades, 20
- Não desperdice o tempo de outras pessoas, 22
- Elimine atividades que resultem de mau gerenciamento, 24
- Excesso de pessoal, 26
- Má organização, 28
- Falhas nas informações, 30
- Crie e consolide blocos de tempo discricionário, 32
- Utilização eficaz do tempo discricionário, 34

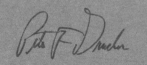

O tempo é seu recurso limitante, além de ser totalmente irrecuperável na sua vida. Não é possível expandir a quantidade de tempo disponível por dia, semana ou ano da mesma maneira que você o faz com outros recursos, como capital e pessoas na sua empresa.

Mas tudo o que você faz exige tempo. Isso significa que suas realizações e eficácia são definidas, ou limitadas, pelo modo como você gerencia o seu tempo, que corresponde, por sua vez, ao seu recurso mais escasso.

Se você não gerir o seu tempo, não poderá administrar coisa alguma. Portanto, o gerenciamento do tempo é a base da sua eficácia. E a boa notícia é que você pode administrá-lo e aperfeiçoar esse processo por meio da prática e do esforço contínuos. (Ver Capítulo 2 de *O Gestor Eficaz*.)

Tempo: o fator limitante da realização

- Pessoas eficazes sabem que tempo é o fator limitante. Os limites de saída de qualquer processo são definidos pelo recurso mais escasso. No processo que chamamos de "realização", esse recurso é o tempo.

   - O tempo é, também, um elemento singular. Entre os outros elementos mais importantes, o dinheiro é, na realidade, o que existe em maior quantidade. As pessoas – o terceiro elemento limitativo –, nós podemos contratar.

   - Entretanto, ninguém pode contratar, alugar, comprar ou tentar obter mais tempo. O suprimento de tempo é totalmente inelástico. Seja qual for a quantidade da demanda, o suprimento não crescerá... E mais, o tempo é totalmente perecível – não pode ser armazenado. O tempo de ontem está perdido para sempre, e jamais voltará. Portanto, há sempre uma grande escassez de tempo.

   O Gestor Eficaz, *p. 42*

QUESTIONAMENTO

Será que estou consciente de que o tempo é o fator limitante na minha vida?

_____
_____
_____
_____
_____
_____
_____

O conhecimento é inútil para gestores até ser convertido em ações. Contudo, antes de entrar em ação, o gestor precisa planejar sua estratégia de ação. Ele precisa pensar sobre resultados desejados, prováveis restrições, futuras revisões, pontos de verificação e implicações da maneira como ele utilizará o próprio tempo.

O plano de ação é uma declaração de intenções, e não um comprometimento... Ele deve ser revisto com frequência, pois cada sucesso gera novas oportunidades. Isso também ocorre em relação a cada fracasso... Um plano escrito deve prever a necessidade de flexibilidade.

Além disso, o plano de ação precisa criar um sistema para verificar os resultados em relação às expectativas...

Finalmente, o plano de ação deve tornar-se a base do gerenciamento de tempo do gestor. O tempo é o recurso mais escasso e mais precioso do gestor. E as empresas... são inerentemente desperdiçadoras de tempo. O plano de ação só terá serventia se puder determinar como o gestor gasta o próprio tempo.

Peter F. Drucker, "What Makes an Effective Executive",
Harvard Business Review, junho de 2004, p. 60

Aponte o tempo que você *acredita* alocar para suas várias tarefas e responsabilidades em uma semana normal.

_____
_____
_____
_____
_____
_____
_____

Gerenciamento do tempo: os três passos

- Gestores eficazes começam identificando as tarefas nas quais o seu tempo é realmente empregado.

> - Gestores eficazes... não começam pelas suas tarefas. Começam pelo seu tempo. E não iniciam com planejamento. Iniciam sabendo em que seu tempo é realmente empregado. Depois, tentam gerir o tempo e eliminar demandas improdutivas desse tempo. Finalmente, consolidam seu tempo "discricionário" em unidades com a maior continuidade possível. Esse processo de três etapas
>   - registrar o tempo
>   - gerir o tempo
>   - consolidar o tempo
>
>   é a base da eficácia do gestor.
>
>   O Gestor Eficaz, p. 42

QUESTIONAMENTO

Inicio meu trabalho planejando minhas tarefas ou começo planejando meu tempo?

_____
_____
_____
_____
_____
_____
_____
_____

Ação

Em vez de planejar primeiro as suas tarefas, planeje o seu tempo.

Registre o seu tempo

■ A primeira etapa para a eficácia do gestor é, portanto, registrar o real consumo do tempo.

■ Gestores eficazes registram, no mínimo, o tempo de três a quatro semanas consecutivas de programação regular. Após obterem cada uma dessas amostras, eles reavaliam e refazem sua programação.

O Gestor Eficaz, p. 53

■ Questionamento

Registro a maneira como gasto o meu tempo? Com que frequência registro o consumo de tempo? Que métodos utilizo? Estou utilizando a tecnologia atual com eficácia para categorizar minhas atividades?

_____
_____
_____

■ *Ação* ■

Crie um registro de tempo, por atividade, para determinar em quais tarefas ele é empregado. Talvez você precise do auxílio de um assistente para fazer isso. Defina com que frequência deseja atualizar seu registro de tempo (por exemplo, uma vez por semana ou uma vez por mês).

_____
_____
_____
_____

Elimine os ladrões do tempo

- Primeiro, a pessoa tenta identificar e eliminar tudo o que é desnecessário.

  - Ainda estou para ver um gestor, seja qual for sua posição na escala hierárquica, ou na organização, que não possa colocar no lixo aproximadamente um quarto das demandas de seu tempo, e pessoa alguma notará o seu "desaparecimento".

    O Gestor Eficaz, *p. 54*

QUESTIONAMENTO

Identifique esses ladrões do tempo, perguntando-se: "Considerando todas as atividades do meu registro de tempo, o que aconteceria se cada uma delas simplesmente não fosse executada?"

_____
_____
_____
_____
_____
_____

■ *Ação* ■

Corte as atividades supérfluas. Não se preocupe se cortar demais. Se você for muito rigoroso, logo saberá.

_____
_____
_____
_____
_____
_____

Delegue atividades

- Ainda não vi nenhum gestor, defrontando-se com o seu registro de tempo, que não tenha adquirido, rapidamente, o hábito de passar para outra pessoa a responsabilidade de fazer tudo o que ele não precisa fazer pessoalmente. À primeira vista, o registro de tempo torna abundantemente claro que não há tempo suficiente para fazer as coisas que o próprio gestor considera importantes, que ele mesmo quer fazer e que ele já se empenhou em fazer. A única maneira que ele tem para se entregar às coisas importantes é "empurrar" para os outros qualquer coisa que eles possam fazer.

O Gestor Eficaz, *p. 55*

■ QUESTIONAMENTO

Quais atividades do meu registro de tempo podem ser desempenhadas tão bem ou ainda melhor por outra pessoa? A quem posso delegá-las? A tecnologia pode me ajudar a economizar tempo de registro de acompanhamento do progresso de atividades delegadas?

_____
_____
_____
_____
_____
_____
_____
_____
_____

Como líderes capazes conseguem arruinar tudo

Um dos homens mais capazes com os quais trabalhei, e isso ocorreu há muito tempo, foi o último chanceler democrático que a Alemanha teve antes da Segunda Guerra Mundial, o Dr. Heinrich Bruning. Ele tinha uma habilidade incrível para enxergar o ponto central de um problema, mas não dispunha da menor aptidão para assuntos financeiros. Em vez de delegar essa tarefa a outras pessoas, desperdiçava muito tempo em orçamentos e tinha um fraco desempenho. Isso representou um tremendo fracasso em um período de Depressão, o que levou à ascensão de Hitler.

Nunca tente ser um especialista naquilo que você não conhece. Concentre-se nos seus pontos fortes e encontre pessoas com potencial para desempenhar as outras tarefas necessárias.

Entrevista por Rich Karlgaard, "Peter Drucker on Leadership",
Forbes.com, 19 de novembro de 2004

Ação

Faça as coisas mais importantes. Delegue tudo o que puder ser executado por outras pessoas. Tente utilizar os recursos tecnológicos periodicamente para verificar o progresso das atividades delegadas.

Não desperdice o tempo de outras pessoas

- O que faço leva ao desperdício do tempo de outras pessoas e não contribui para a eficácia delas?

- A maneira pela qual um gestor realiza um trabalho produtivo pode ainda ser uma grande perda de tempo para outra pessoa. O gestor financeiro de uma grande organização sabia perfeitamente bem que as reuniões em seu escritório levavam a grande perda de tempo. Esse homem convocava todos os seus subordinados para todas as reuniões, quaisquer que fossem as agendas. Como resultado, as reuniões eram excessivamente longas. E, como cada participante pensava que tinha de demonstrar interesse, todos faziam pelo menos uma pergunta – a maioria delas irrelevante. O resultado disso é que as reuniões se prolongavam.

- Mas o gestor-geral não sabia, até que perguntou se seus subordinados também consideravam as reuniões uma perda de tempo para eles. Consciente da grande importância que todos da organização davam a ser colocados em seu lugar e ser "devidamente informados", ele tinha receio de que os que não fossem convidados se sentissem desconsiderados e afastados.

O Gestor Eficaz, *pp.* 56-57

Questionamento

Pergunte aos seus colegas de trabalho: "O que eu faço que leva ao desperdício do seu tempo e não contribui para a sua eficácia?"

_____
_____
_____
_____
_____

▪ *Ação* ▪

Elimine todas as atividades que representem perda de tempo para outras pessoas.

_____
_____
_____
_____
_____
_____
_____
_____

Elimine atividades que resultem de mau gerenciamento

■ O estabelecimento de uma "rotina" capacita pessoas que não têm habilidades específicas, sem critério, a fazerem algo que antes era realizado por mentes brilhantes...

■ Identifique as perdas de tempo que resultam da falta de sistema e de previsão. O sintoma a ser verificado é a "crise" recorrente, a crise que se repete ano após ano. Uma crise que ocorre uma segunda vez é uma crise que não deve ocorrer mais. A crise do estoque anual é um exemplo desse tipo de crise.

■ Uma crise recorrente deveria ser sempre prevista. Ela pode, portanto, ser impedida ou reduzida a uma rotina com a qual os funcionários consigam lidar. A definição de uma "rotina" é que ela capacita pessoas que não têm habilidades específicas, sem critério, a fazerem algo que antes era realizado por mentes brilhantes. Isso ocorre, pois a rotina sistematiza, passo a passo, aquilo que um indivíduo muito hábil aprendeu ao superar a crise do passado. A crise recorrente não está circunscrita aos níveis inferiores de uma empresa. Ela aflige todos.

O Gestor Eficaz, p. 59

■ **QUESTIONAMENTO**

Quais são as crises recorrentes que resultam em "dramas" na minha empresa?

_____
_____
_____
_____
_____

Ação

Para cada crise recorrente, aponte um procedimento que resolva o problema e atribua sua aplicação à pessoa adequada na empresa. Verifique periodicamente se a regra está funcionando na prática.

_____
_____
_____
_____
_____
_____
_____
_____

Excesso de pessoal

- O desperdício de tempo costuma resultar em excesso de pessoal.

- Há um sintoma bastante seguro de excesso de pessoal. Se o superior do grupo – e em particular o gestor – emprega mais do que uma fração pequena de seu tempo, talvez um décimo, com problemas de relações humanas, brigas e atritos, em disputas jurisdicionais e questões de cooperação e coisas semelhantes, então o grupo de trabalho é quase certamente muito grande. Uns entram pelas áreas dos outros. As pessoas se tornam um obstáculo à realização em vez de meios para alcançá-la. Em uma organização bem montada, as pessoas têm espaço para se mover sem colidirem umas com as outras, e podem realizar seu trabalho sem ter de estar explicando o que fazem durante todo o tempo.

O Gestor Eficaz, *p. 61*

QUESTIONAMENTO

Na minha empresa, os trabalhadores do conhecimento envolvem-se demais nesses "problemas de relacionamento humano"?

_____
_____
_____
_____
_____
_____
_____
_____

Valores

"Outro valor do Bank One era: Nós nos esforçamos para ser o prestador de serviços de mais baixo custo, por meio de operações eficientes e ótimas. Alguns dos comportamentos recomendados eram:

- Quanto menos gordura, melhor
- Elimine a burocracia
- Seja implacável no corte de desperdícios
- As operações devem ser rápidas e simples
- Valorizem o tempo uns dos outros
- Invista em infraestrutura
- Devemos ser quem melhor conhece o nosso negócio. Não precisamos de consultores para nos dizer o que fazer."

Jack Welch, *Paixão por Vencer*, Rio de Janeiro: Editora Campus/Elsevier, 2005

Crie uma empresa enxuta em que as pessoas tenham espaço para se movimentar sem esbarrar umas nas outras.

_____
_____
_____
_____
_____
_____
_____

Má organização

■ A má organização é outra causa comum da perda de tempo.
O seu sintoma é o excesso de reuniões.

■ Reuniões são, por definição, uma concessão às empresas deficientes, pois uma pessoa precisa optar entre reuniões ou trabalho. Não é possível fazer as duas coisas ao mesmo tempo. Em uma estrutura ideal... não haveria reuniões.

■ Fazemos reuniões porque pessoas que ocupam diferentes cargos precisam cooperar para conseguir realizar uma tarefa específica. Fazemos reuniões porque o conhecimento e a experiência necessários para uma situação específica não estão disponíveis na cabeça de uma única pessoa, mas devem ser agrupados, a partir da experiência e do conhecimento de várias pessoas.

O Gestor Eficaz, p. 62

■ QUESTIONAMENTO

Na minha empresa, os trabalhadores do conhecimento gastam mais do que uma parcela razoável do seu tempo em reuniões? Essas pessoas são capazes de apreender e reunir conhecimento necessário para trabalhar de maneira eficaz?

_____
_____
_____
_____
_____
_____
_____

Ação

Consolide o trabalho de grupos cujos membros participem de uma quantidade excessiva de reuniões. Avalie o objetivo de cada reunião. Elimine as reuniões que não tenham um objetivo definido.

Falhas nas informações

- Outro grande causador de perda de tempo são as falhas nas informações. O administrador de um grande hospital foi importunado durante anos por chamadas telefônicas de médicos que lhe pediam um leito para um de seus pacientes que precisava ser hospitalizado. O pessoal encarregado das admissões "sabia" que não havia leito disponível. Mas o administrador quase sempre encontrava alguns. O pessoal da admissão simplesmente não era informado imediatamente quando um paciente tinha alta. É claro que a enfermeira do andar sabia disso, assim como o departamento administrativo, que apresentava a conta para o paciente que se retirava. O pessoal da admissão, contudo, mantinha uma "contagem dos leitos" feita diariamente às cinco horas da manhã. Mas a grande maioria dos pacientes tinha alta no meio da manhã, após a ronda dos médicos. Não foi preciso um gênio para resolver o problema; bastou uma cópia adicional da papeleta enviada pela enfermeira do andar para o departamento administrativo.

O Gestor Eficaz, *p. 65*

QUESTIONAMENTO

Recebo dados desatualizados ou errados? Como posso receber dados mais precisos?

_____
_____
_____
_____
_____
_____

■ *Ação* ■

Siga um procedimento para verificar se os dados recebidos representam informações oportunas e precisas que permitem a você agir adequadamente.

_____
_____
_____
_____
_____
_____
_____
_____

Crie e consolide blocos de tempo discricionário

■ Quanto tempo é de fato "discricionário", ou seja, está disponível para as grandes tarefas que oferecem uma real contribuição?

- O método pelo qual as pessoas consolidam seu próprio tempo discricionário é muito menos importante do que o modo pelo qual o encaram.
- A maioria ataca o trabalho procurando empurrar juntos os assuntos secundários, menos produtivos, criando, assim, um espaço livre entre eles.

O Gestor Eficaz, *p. 70*

■ **Questionamentos**

Disponho de métodos para criar e consolidar o tempo discricionário? Que métodos são esses? Quanto tempo discricionário consegui reservar por semana?

_____
_____
_____
_____
_____
_____
_____

Ação

Utilize os processos de registro do tempo e elimine os ladrões do tempo para criar blocos significativos de tempo discricionário. Compare *o tempo que você gasta de fato* com *aquilo em que pensava que gastava seu tempo*. Certifique-se de dar maior prioridade e dedicar o melhor do seu tempo ao desempenho das atividades pelas quais você é remunerado.

_____
_____
_____
_____
_____
_____
_____
_____

Utilização eficaz do tempo discricionário

■ Todas as pessoas eficazes gerenciam continuamente seu tempo. Elas não apenas mantêm um registro contínuo e o analisam periodicamente. Elas definem para si mesmas prazos para concluir atividades importantes, com base no seu discernimento sobre seu tempo discricionário.

■ Um homem altamente eficaz, meu conhecido, mantém duas dessas listas – uma das coisas urgentes e outra das desagradáveis que têm de ser feitas –, cada uma com um limite. Quando ele percebe seus limites deslizando, sabe que seu tempo está novamente lhe fugindo.

O Gestor Eficaz, p. 70

■ **QUESTIONAMENTO**

Defino prioridades para a utilização dos meus blocos de tempo discricionário?

_____
_____
_____
_____
_____
_____
_____

Ação

Defina prazos para seus blocos de tempo discricionário para assuntos que considera importantes, bem como para aqueles que julga desagradáveis. Se perceber que os prazos estão bem próximos, retorne às três etapas de gerenciamento do tempo e recupere os blocos de tempo discricionário que foram perdidos.

_____
_____
_____
_____
_____
_____
_____
_____

3
Com o que Você Pode Contribuir?

- Foco na contribuição: resultados, valores e desenvolvimento de pessoas, 39
- Foco em resultados, 41
- Contribuição de trabalhadores do conhecimento, 44
- Três aspectos-chave de desempenho, 45
- Resultados diretos, 46
- A que se propõe a organização?, 47
- Sucessão executiva, 49
- Foco em contribuição e desenvolvimento de pessoas, 51
- Desafios e contribuição, 53
- Falha executiva, 54

(*continua na p. 38*)

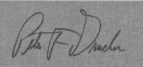

Para ser eficaz, é preciso concentrar-se na contribuição e questionar-se: "Que tipo de contribuição posso oferecer que afetará de maneira significativa o desempenho e os resultados da empresa em que trabalho?" E, em seguida, deve se perguntar: "E de que tipo de autodesenvolvimento preciso para poder dar essa contribuição hoje e no futuro?"

O foco na contribuição quase sempre exigirá que você se distancie de sua própria especialidade, habilidades e departamento e se concentre no que constitui o desempenho da empresa como um todo. Isso, por sua vez, requer que você se volte para o exterior, onde encontrará os resultados da sua empresa.

(*continua na p. 38*)

- Transmissão de conhecimento, 55
- Bom relacionamento humano, 57
- Comunicações, 59
- Trabalho em equipe, 61
- Autodesenvolvimento individual, 63
- Desenvolva outras pessoas, 64
- Torne produtivas as reuniões, 65
- Reuniões eficazes, 68

O nível de exigências que você impõe a si mesmo deve ser alto, pois essa é a maneira de se desenvolver. Seu crescimento dependerá das exigências que fizer a si em termos de resultados. Se você for pouco exigente, acabará atrofiando. Se for bastante exigente, atingirá a estatura de um gigante.

Abrace a mudança! Uma coisa é certa: as oportunidades de amanhã não serão como as de hoje.

Pessoas eficazes fazem as seguintes perguntas a outras pessoas da empresa, seus superiores, seus subordinados, mas, acima de tudo, aos colegas de outras áreas: "Que contribuição você quer de mim para poder dar a *sua* contribuição à empresa? Quando você precisa disso, como precisa disso e de que forma?" Essas perguntas evidenciam a realidade de uma empresa do conhecimento: o trabalho eficaz é, na realidade, executado em equipe e por meio de equipes formadas por pessoas com diferentes conhecimentos e habilidades. (Veja Capítulo 3 de *O Gestor Eficaz*.)

Foco na contribuição: resultados, valores e desenvolvimento de pessoas

- O gestor eficaz concentra seu foco na contribuição.

- O foco na contribuição é a chave da eficácia: no próprio trabalho de uma pessoa — seu conteúdo, seu nível, seus padrões e seus impactos —; em suas relações com os outros — seus superiores, seus parceiros, seus subordinados —; em seu uso dos instrumentos do gestor, tais como reuniões e relatórios.

- O foco na contribuição transfere a atenção do gestor de sua própria especialização, de suas habilidades limitadas, de seu próprio departamento, para o desempenho da empresa como um todo. Sua atenção é voltada para o exterior, o único lugar onde há resultados.

- "Contribuição" pode ter vários significados, pois cada empresa requer desempenho em três áreas principais: ela precisa de resultados diretos; construção de valores e sua confirmação; e construção e desenvolvimento de pessoas para o futuro.

O Gestor Eficaz, *pp.* 74-77

QUESTIONAMENTO

Dedico meu tempo e esforço focando apenas na minha própria especialidade, ou procuro contribuir com a missão geral da empresa?

_____
_____
_____
_____
_____

■ *Ação* ■

Concentre suas contribuições na missão geral da empresa.
___
___
___
___
___
___
___
___

Foco em resultados

- Que tipo de contribuição posso oferecer que afetará significativamente o desempenho e os resultados da empresa para a qual eu trabalho?

  - O gestor eficaz concentra seu foco na contribuição. Ele para de olhar para o seu próprio trabalho e olha para fora, para as metas. Ele se pergunta: "Que tipo de contribuição posso oferecer que afetará significativamente o desempenho e os resultados da empresa para a qual eu trabalho? Sua ênfase é colocada na responsabilidade.

    O Gestor Eficaz, *pp*. 52-53

QUESTIONAMENTO

Estou concentrado nos esforços ou nos resultados da minha função? O meu foco está voltado para o exterior e para o desempenho da empresa como um todo?

_____
_____
_____
_____
_____
_____
_____
_____
_____
_____

Como posso contribuir?

Ao longo da história, a maioria esmagadora das pessoas jamais precisou perguntar: "Como posso contribuir?" Diziam-lhes como deviam contribuir, e suas tarefas eram ditadas pelo trabalho propriamente dito – como acontecia com o camponês ou o artesão – ou por um senhor ou uma senhora, como ocorria com os servos domésticos.

[...] não há como voltar à velha pergunta de fazer o que lhe mandam ou lhe atribuem. Os trabalhadores do conhecimento, em particular, têm de aprender a fazer uma pergunta que não foi feita antes: qual *deve* ser minha contribuição? Para respondê-la, devem atender a três elementos diferentes: o que a situação exige? Considerando meus pontos fortes, minha maneira de atuar e meus valores, como posso dar a maior contribuição para o que precisa ser feito? E, por último, que resultados precisam ser atingidos para fazer a diferença?

Peter F. Drucker, "Managing Oneself",
Harvard Business Review, janeiro de 2005, p. 106

Liderança de nível 5

"Os líderes de nível 5 são fanaticamente movidos, infectados mesmo, por uma necessidade incurável de gerar *resultados sustentáveis*. São capazes de qualquer coisa para tornar a empresa excelente, não importa quão extremas ou difíceis sejam as decisões."

Jim Collins, *Empresas Feitas para Vencer*, Rio de Janeiro:
Editora Campus/Elsevier, 2001, p. 54

O poder da surpresa positiva

"Quando a maioria das pessoas pensa em produzir resultados sensacionais, elas imaginam superar as metas de desempenho já aceitas. Essa atitude está certa e é muito boa.

Mas uma maneira ainda mais eficaz de ser promovido é expandir os horizontes de sua função incluindo atividades inesperadas e ousadas. Proponha um novo conceito ou processo que não se limite a melhorar os seus resultados, mas também os da sua unidade e o desempenho da empresa como um todo."

Jack Welch, *Paixão por Vencer*, Rio de Janeiro: Editora Campus/Elsevier, 2005

Faça uma relação das contribuições que você poderia dar à sua empresa. Compare-as com as contribuições que está oferecendo no momento.

_____
_____
_____
_____
_____
_____
_____
_____
_____
_____

Contribuição de trabalhadores do conhecimento

- Os trabalhadores do conhecimento que não se perguntam "Como posso contribuir?" estão não apenas propensos a almejar muito pouco, mas também estão inclinados a buscar as coisas erradas. Acima de tudo, eles podem oferecer uma definição limitada de sua contribuição.

O Gestor Eficaz, *p. 76*

■ QUESTIONAMENTO

Como defino minha tarefa?

_____
_____
_____
_____
_____

■ *Acção* ■

Reserve um tempo neste momento para definir sua tarefa de maneira mais abrangente, pensando em níveis mais avançados e buscando fazer a coisa certa.

_____
_____
_____
_____
_____
_____

Três aspectos-chave de desempenho

- Os três aspectos devem estar incluídos na contribuição de cada gestor.

    - [...] cada organização necessita de desempenho em três grandes aspectos: precisa de resultados diretos; construção de valores e sua reafirmação; e construção e desenvolvimento de pessoas para o futuro. Se privada de desempenho em qualquer um desses aspectos, decairá e morrerá. Todos os três, portanto, têm de ser construídos na contribuição de cada gestor.
    O Gestor Eficaz, p. 66-67

QUESTIONAMENTO

Como afeto cada um desses três aspectos de desempenho por meio do meu próprio desempenho?

_____
_____
_____
_____

■ *Ação* ■

Classifique esses três aspectos por grau de importância, em relação à sua função, e identifique as etapas que você pode seguir agora para aperfeiçoar sua contribuição a um ou mais deles. Acompanhe o seu progresso.

_____
_____
_____
_____

Resultados diretos

- Os resultados diretos de uma organização são claramente visíveis, em geral. Em negócios, são os resultados econômicos, tais como vendas e lucros. Em um hospital, são os cuidados com os doentes.

O Gestor Eficaz, *p. 77*

Questionamento

Quais são os resultados diretos da minha função? Esses resultados são ambíguos? Como posso medi-los ou avaliá-los?

_____
_____
_____
_____

■ *Ação* ■

Pense nas melhores medidas quantitativas e avaliações qualitativas de resultados diretos, mesmo nos pontos em que os resultados diretos forem ambíguos para sua função. Utilize essas medidas para avaliar os resultados atuais e eliminar qualquer dúvida sobre os já existentes.

_____
_____
_____
_____
_____
_____

A que se propõe a organização?

- Os resultados diretos sempre vêm primeiro. No cuidado e na alimentação de uma empresa, eles fazem o mesmo papel das calorias na nutrição do corpo humano. Mas qualquer organização também necessita de um empenho de valores e sua constante reafirmação, tal como o corpo humano precisa de vitaminas e minerais. Tem de haver algo pelo que "esta organização luta", ou ela irá se degenerar em desorganização, confusão e paralisia.

O Gestor Eficaz, *p. 77*

QUESTIONAMENTO

Que valores minha empresa defende? Estou satisfeito com o modo como esses valores são "veiculados" entre empregados, clientes, fornecedores e comunidade? Há sintomas de confusão e paralisia decorrentes da falta de comprometimento com valores? Apoio os valores da minha empresa?

_____
_____
_____
_____
_____
_____
_____
_____
_____

▪ *Acção* ▪

Se seus valores são saudáveis, tome providências para que eles sejam continuamente confirmados junto a empregados, clientes e fornecedores. Certifique-se de que a sua empresa defenda algo útil para a sociedade.

_____
_____
_____
_____
_____
_____
_____
_____
_____
_____

Sucessão executiva

- Quando uma empresa não é capaz de perpetuar-se, significa que ela falhou.

- […] Uma organização que não seja capaz de perpetuar-se é porque falhou. Uma organização, portanto, tem de prover, hoje, os homens que poderão dirigi-la amanhã. Tem de renovar seu capital humano. Deveria constantemente elevar seus elementos humanos. A geração seguinte tem de aceitar o que o trabalho duro e a dedicação dessa geração conseguirem realizar. Ela deveria, então, sobre os ombros de seus predecessores, estabelecer um novo "nível" como linha de partida para a geração seguinte.

- Uma organização que apenas perpetua o nível atual de visão, excelência e realização é porque perdeu sua capacidade de adaptar-se, e, como a única coisa certa nos negócios humanos é a mudança, não será capaz de sobreviver em um futuro alterado.

O Gestor Eficaz, *p. 78*

■ QUESTIONAMENTO

Minha empresa dispõe de um processo sistemático para identificar e desenvolver novos talentos humanos com a finalidade de atender às necessidades futuras?

_____
_____
_____
_____
_____
_____
_____

Liderança de nível 5

"Os executivos de nível 5 preparam seus sucessores para que alcancem um sucesso ainda maior na geração seguinte, enquanto os egocêntricos líderes de nível 4 costumam preparar seus sucessores para o fracasso."

Jim Collins, *Empresas Feitas para Vencer*, Rio de Janeiro:
Editora Campus/Elsevier, 2001

Recursos humanos

"Eleve o RH à posição de poder e primazia na organização e garanta que o pessoal de RH tenha as qualidades especiais necessárias para ajudar gestores na construção de líderes e carreiras. Na verdade, as melhores características do pessoal de RH são as de pastores e pais em uma mesma embalagem."

Jack Welch, *Paixão por Vencer*, Rio de Janeiro:
Editora Campus/Elsevier, 2005

■ *Ação* ■

Faça ou recomende mudanças no atual processo de sucessão executiva de sua empresa a fim de atender aos desafios apresentados pela rápida mudança.

_____
_____
_____
_____
_____
_____
_____
_____
_____

Foco em contribuição e desenvolvimento de pessoas

- As pessoas se ajustam ao nível das demandas a que são submetidas.

- O foco do gestor na contribuição é, em si, uma poderosa força de desenvolvimento das pessoas. Estas se ajustam ao nível das demandas que lhes fazem. O gestor que ajusta sua visão na contribuição eleva a visão e os padrões de todos aqueles com quem trabalha.

- Empenho em contribuição é empenho em eficácia responsável. Sem ele, um homem se amesquinha, despoja sua organização e rouba as pessoas com quem trabalha.

O Gestor Eficaz, pp. 78-79

QUESTIONAMENTO

Que circunstâncias propiciaram um maior crescimento na minha vida profissional? Qual foi a influência das minhas expectativas e das expectativas alheias no meu crescimento profissional? Qual é o meu nível de comprometimento com a empresa que considero uma extensão?

Ação

Após identificar seus pontos fortes e os dos subordinados, empenhe-se para que você e eles atendam a um alto nível de expectativas, utilizando ao máximo esses pontos fortes.

Desafios e contribuição

- Em muitos casos, os fracassos tiveram um impacto ainda maior.

- Os homens que foram bem-sucedidos em Washington, na Segunda Guerrra Mundial, tinham como foco a contribuição. Por isso, modificaram não somente o que faziam, como o peso relativo que davam a cada uma das dimensões de valores em seu trabalho. Os fracassos foram muito mais sensíveis em muitos casos. Mas isso não foi desafio para eles, e eles falharam ao não ver a necessidade de reorientar seus esforços.

O Gestor Eficaz, *p. 80*

QUESTIONAMENTO

Estou focado nos resultados certos, ou seja, aqueles que farão diferença no desempenho da minha empresa? O que somente eu posso realizar e que, se for realmente benfeito, fará diferença para a empresa?

_____
_____
_____

Ação

Desafie a si próprio. Reoriente seus esforços para aperfeiçoar suas contribuições. Trabalhe de modo mais inteligente.

_____
_____
_____
_____

Falha executiva

- A causa mais comum do fracasso do gestor é o conjunto de incapacidade e falta de vontade de se modificar diante das exigências de uma nova posição. O gestor que continua a fazer aquilo que sempre fez com sucesso antes da mudança está, quase certamente, destinado a fracassar.

O Gestor Eficaz, *p. 79*

QUESTIONAMENTO

Quais são os resultados da minha função para os quais devo orientar minhas contribuições? A importância relativa entre as três dimensões de desempenho sofreu alguma alteração recente em minha função? Estou tentando replicar em minha mais recente atribuição as atividades que desempenhava na posição anterior?

_____

_____

_____

_____

■ *Ação* ■

Digamos que os padrões de comportamento que o levaram a obter novas responsabilidades não sejam apropriados para suas responsabilidades atuais. Descubra as atitudes certas a serem tomadas na sua posição e a maneira certa de executá-las.

_____

_____

_____

_____

Transmissão de conhecimento

- O intelectual sempre foi considerado responsável por se fazer entender. É uma arrogância bárbara presumir que o leigo possa ou deva fazer esforços para entendê-lo e que é suficiente que o intelectual se dirija apenas a poucas pessoas semelhantes a ele.

O Gestor Eficaz, *p. 83*

QUESTIONAMENTO

Maximizo a utilização do meu conhecimento para dar contribuições à empresa? Quando apropriado, transmito meu conhecimento com eficácia a outras pessoas?

_____
_____
_____
_____
_____
_____
_____
_____
_____
_____
_____

Assuma a responsabilidade pela comunicação

Gestores eficazes cuidam para que tanto seus planos de ação como suas informações sejam compreendidos... Cada gestor [*deve*] identificar as informações necessárias, solicitá-las e insistir até obtê-las.

Peter F. Drucker, "What Makes an Effective Executive",
Harvard Business Review, junho de 2004, pp. 61-62

■ *Ação* ■

Pergunte a outras pessoas da empresa, seus superiores, seus subordinados e aos colegas de outras áreas: "Que contribuição você precisa de mim para poder dar a *sua* contribuição à empresa? Quando você precisa disso, como precisa disso e de que forma?" Torne seu conhecimento especializado bem acessível àqueles que dependem dele para executar seus próprios trabalhos.

_____
_____
_____
_____
_____
_____
_____
_____

Bom relacionamento humano

- O foco na contribuição, por si só, fornece os quatro requisitos básicos das relações humanas eficazes.

- Em uma organização, o bom relacionamento humano que os trabalhadores do conhecimento têm não é por serem dotados de um "talento para pessoas". Seu bom relacionamento humano resulta do foco que eles têm na contribuição que seu próprio trabalho e seu relacionamento com outros podem trazer.
- O foco na contribuição, por si só, proporciona os quatro requisitos básicos de um relacionamento humano eficaz:
    - comunicabilidade
    - trabalho de equipe
    - autodesenvolvimento
    - desenvolvimento dos outros.

O Gestor Eficaz, *pp. 85-86*

QUESTIONAMENTO

Que contribuições minha empresa e meu superior consideram ser responsabilidade minha?

_____
_____
_____
_____
_____
_____
_____

O volante e o circuito fatal

"Os líderes feitos para vencer praticamente não gastam energia para 'criar alinhamento', 'motivar as tropas' ou 'gerenciar a mudança'. Sob as condições adequadas, os problemas de comprometimento, alinhamento, motivação e mudança quase sempre se resolvem sozinhos. O alinhamento basicamente *deriva de* resultados e *momentum*, e não o contrário."

Jim Collins, *Empresas Feitas para Vencer*, Rio de Janeiro: Editora Campus/Elsevier, 2001

■ *Ação* ■

Trabalhe com seus superiores, colegas e subordinados para desenvolver e maximizar suas contribuições coletivas. Crie uma equipe motivada.

___
___
___
___
___
___
___
___
___

Comunicações

- As comunicações são praticamente impossíveis quando se baseiam nos relacionamentos de cima para baixo.

    - […] Quanto mais o superior se esforça para dizer algo ao seu subordinado, tanto mais provavelmente o subordinado entenderá mal. Ele ouvirá aquilo que quer ouvir, e não o que está sendo dito.

    O Gestor Eficaz, *p. 87*

QUESTIONAMENTO

Exijo que meus subordinados assumam responsabilidade por suas contribuições em seu próprio trabalho? Como me comunico com meus superiores e subordinados? Esses relacionamentos são de "cima para baixo" ou de "baixo para cima" em paralelo?

_____
_____
_____
_____
_____
_____
_____
_____
_____
_____

■ Ação ■

Faça com que seus subordinados assumam a responsabilidade pelas comunicações. Utilize todo o conhecimento e as habilidades dos seus subordinados. Use a sua própria responsabilidade de contribuição como a base da comunicação.

Trabalho em equipe

- O foco na contribuição leva a comunicações laterais e possibilita o trabalho em equipe.

- A pergunta "Quem tem de utilizar minha produção para que ela se torne eficaz?" mostra, imediatamente, a importância das pessoas que não estão na linha de autoridade, seja para cima, seja para baixo, de e para o gestor individual. Ela sublinha o que é a realidade de uma organização do conhecimento: o trabalho eficaz é realmente feito por equipes de pessoas de diferentes conhecimentos e habilidades.

    O Gestor Eficaz, *p. 88*

QUESTIONAMENTO

Na minha empresa, os trabalhadores do conhecimento trabalham juntos voluntariamente, com base nas demandas da tarefa, ou trabalhamos mediante relacionamentos de subordinação formal?

_____
_____
_____
_____
_____
_____
_____
_____

O que leva as empresas ao fracasso

Certifique-se de que as pessoas com as quais você trabalha compreendem suas prioridades. As empresas são malsucedidas quando precisam adivinhar em que o chefe está trabalhando, e elas quase nunca acertam. Então, o CEO precisa dizer: "Este é o *meu* foco." Depois, o CEO precisa perguntar aos parceiros: "Qual é o *seu* foco?" Pergunte aos seus parceiros: "Por que você colocou isto em primeiro lugar na sua lista de prioridades?" O motivo pode estar correto, mas esse parceiro também pode ser um vendedor que o convence de que as prioridades dele são as certas quando, na verdade, não o são. Então, certifique-se de ter compreendido as prioridades dos seus parceiros e, após terem conversado, reserve um tempo para escrever duas páginas de anotações e enviar a eles: "Acho que discutimos sobre isso. Acho que foi isso que decidimos. Acho que vocês se comprometeram a fazer isso, neste prazo." Finalmente, pergunte a eles: "O que você espera de mim para conseguir atingir as suas metas?"

Entrevista por Rich Karlgaard, "Peter Drucker on Leadership", *Forbes.com*, 19 de novembro de 2004

■ *Ação* ■

Estabeleça as comunicações necessárias para que você possa compreender seus colegas e para que todos conheçam as necessidades, metas e maneiras de proceder de cada um.

Não se baseie *apenas* em meios de comunicação por escrito para criar comunicações eficazes.

_____
_____
_____
_____
_____
_____

Autodesenvolvimento individual

- O autodesenvolvimento em escala depende do foco na contribuição. O homem que se pergunta "Qual é a mais importante contribuição que posso dar para o desempenho desta organização?" está, na realidade, perguntando "De que autodesenvolvimento estou precisando? Que conhecimento e habilidade devo adquirir para dar a contribuição que deveria estar dando? Que força devo empenhar em meu trabalho? Que padrões eu mesmo devo estabelecer?".

O Gestor Eficaz, p. 90

QUESTIONAMENTO

Que conhecimento ou habilidade de autodesenvolvimento preciso adquirir para dar contribuições eficazes à minha empresa? Como posso utilizar esse conhecimento e habilidade em minhas atribuições?

___

Ação

Desenvolva um plano para obter o conhecimento e a habilidade necessários que o possibilitem fornecer uma ótima contribuição à sua empresa. Busque a excelência.

___

Desenvolva outras pessoas

■ O gestor que foca na contribuição estimula os outros também ao autodesenvolvimento, sejam eles subordinados, colegas ou superiores. Estabelece padrões que não são pessoais, mas fundamentados nas necessidades da tarefa. Ao mesmo tempo, são demandas para o mérito porque são condições de alta aspiração, de objetivos ambiciosos, de trabalho de grande impacto.

O Gestor Eficaz, *p. 90*

■ QUESTIONAMENTO

Exijo que meus subordinados atinjam resultados excepcionais? Forneço todas as ferramentas e oportunidades necessárias para que meu pessoal se desenvolva? Recebo bem subordinados que são mais fortes do que eu?

___

___

___

___

■ *Ação* ■

Desenvolva e implemente um plano por meio do qual cada subordinado seja incentivado a desenvolver todo o seu potencial.

___

___

___

___

___

___

Torne produtivas as reuniões

- O segredo de uma reunião eficaz é decidir previamente sobre o tipo de reunião a ser realizado.

    - Diferentes tipos de reuniões exigem diferentes formas de preparação e diferentes resultados:

    Uma reunião para preparar uma declaração, uma comunicação ou um comunicado à imprensa.

    Um membro preparou previamente um rascunho. Ao final da reunião, um membro nomeado anteriormente precisa assumir a responsabilidade pela divulgação do teste final.

    Uma reunião para fazer uma comunicação – por exemplo, anunciar uma mudança organizacional.

    Esta reunião deve se restringir à comunicação e a uma discussão sobre o assunto.

    Uma reunião em que um membro relata um assunto.

    Nada mais deve ser discutido, além do assunto relatado.

    Uma reunião em que vários ou todos os membros relatam um assunto.

    A discussão deve se restringir ao esclarecimento […] Nesse tipo de reunião, todos os relatos devem ter um limite de tempo definido previamente.

    Uma reunião cuja única função seja permitir aos participantes estar na presença do gestor.

    A alta gerência é eficaz na medida em que consegue evitar que tais reuniões usurpem a produtividade dos empregados.

    Peter F. Drucker, "What Makes an Effective Executive", *Harvard Business Review*, junho de 2004, pp. 62-63

▪ Questionamento

Conduzo uma reunião de acordo com o tipo de reunião que deveria ser realizado?

_____
_____
_____
_____
_____
_____
_____

Como dirigir uma empresa no século 21

Não viaje demais. Organize suas viagens. É importante que você veja as pessoas e seja visto por elas ao menos uma ou duas vezes por ano. Do contrário, não viaje. Faça com que os outros venham visitá-lo. Use a tecnologia – é mais barato do que viajar... O segundo ponto a ser lembrado é que você deve certificar-se de que suas subsidiárias e filiais no exterior assumam a responsabilidade de mantê-lo informado. Para isso, pergunte a eles duas vezes por ano: "Sobre quais atividades vocês precisam me informar?" Pergunte também: "Sobre qual de meus planos e atividades vocês precisam receber um relato meu?"

Entrevista por Rich Karlgaard, "Peter Drucker on Leadership", *Forbes.com*, 19 de novembro de 2004

■ *Ação* ■

Prepare e conduza reuniões de acordo com os tipos de reunião e com os objetivos a que cada uma se propõe.

Reuniões eficazes

■ O ser humano eficaz sempre apresenta no início de uma reunião a finalidade específica e a contribuição que deve resultar dela. Ele se assegura de que a reunião se desenrole com esse objetivo. Não permitirá que uma reunião, marcada para informar, transforme-se em uma "sessão-monstro", em que cada um tem ideias brilhantes.

O Gestor Eficaz, p. 91

■ QUESTIONAMENTO

Que tipos de reunião conduzo com mais frequência? Qual é o seu nível de eficácia?

_____
_____
_____
_____
_____
_____
_____
_____
_____
_____

■ *Ação* ■

Identifique os objetivos e as contribuições específicas esperadas para cada reunião.

Determine o tipo de reunião que deve ser realizado e, depois, atenha-se ao formato apropriado.

Conclua a reunião assim que perceber que seu objetivo específico já foi atingido.

Não levante questões adicionais para debate. Faça um resumo da reunião e das medidas a serem tomadas, encerrando-a em seguida.

Faça um acompanhamento para verificar se as medidas acordadas na reunião foram tomadas.

_____
_____
_____
_____
_____
_____
_____
_____

4 Como Tornar Produtivos os Pontos Fortes

- Propósito da organização, 74
- Gestão de pessoal com base em pontos fortes, 76
- Pontos fracos das pessoas, 77
- Procure os pontos fortes notáveis, 79
- Torne cada função exigente e importante, 80
- Torne irrelevantes os pontos fracos, 82
- Trabalhos estruturados para se adequar a personalidades, 84
- Etapas decisivas para tomar decisões eficazes na gestão de pessoal, 86
- Pense na atribuição, 88

(continua na p. 72)

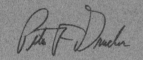

Sua tarefa como gestor é multiplicar a capacidade de desempenho de indivíduos na sua empresa. Isso significa que você deve tomar decisões de gestão de pessoal com base no que uma pessoa pode fazer e, depois, exigir que ela o faça.

Você não pode construir com base nos pontos fracos — seus, de seus chefes ou de outras pessoas. Então, tome decisões de gestão de pessoal para maximizar pontos fortes. Isso não significa que você deve ignorar pontos fracos. Todos nós temos fraquezas. Desse modo, procure colocar uma pessoa em um cargo no qual seus pontos fortes possam ser totalmente aproveitados e seus pontos fracos não sejam prejudiciais ao desempenho do cargo e à empresa como um todo.

(continua na p. 73)

- Considere várias opções de pessoas qualificadas, 89
- Analise os registros de desempenho dos candidatos, 90
- Discuta sobre candidatos com ex-colegas de trabalho, 92
- A pessoa indicada para o cargo deve compreender a atribuição, 94
- Cinco regras fundamentais para a tomada de decisões eficazes na gestão de pessoal, 96
- Responsabilidade por colocações erradas, 98
- Responsabilidade por remoção de pessoas com desempenho fraco, 100
- Como escolher a pessoa certa para cada cargo, 102
- Uma segunda chance, 103
- Coloque recém-contratados em funções já existentes na empresa, 105
- Avalie com base em pontos fortes, 107
- Caráter e integridade, 109
- Como administro meu chefe?, 111
- Uma lista de chefes, 113
- *Input* de chefes, 115
- Ajude os chefes a serem produtivos, 116
- Concentre-se nos pontos fortes dos chefes, 118
- Mantenha os chefes informados, 120
- Evite surpresas, 122
- Erros comuns na administração do chefe, 124
- Autogestão, 126
- Etapas da autogestão, 128
- Identifique seus pontos fortes, 129
- Reconheça seu estilo de trabalho, 132
- Determine a melhor maneira de dar sua contribuição, 134
- Assuma responsabilidade sobre relacionamentos de trabalho, 137
- Desenvolva oportunidades para a segunda metade da sua vida, 140

Há uma exceção à regra de construir com base em pontos fortes e encobrir pontos fracos. Caráter e integridade, por si sós, não produzem quaisquer resultados, mas sua ausência afeta todo o resto. Portanto, esta é uma área na qual os pontos fracos representam muito mais uma desqualificação do que uma limitação nos pontos fortes e na capacidade de desempenho.

Concentre-se em melhorar o desempenho de um líder, em vez de tentar fazê-lo na empresa como um todo. Se o desempenho do seu grupo de liderança for alto, a média tenderá a aumentar. Portanto, certifique-se de colocar em posição de liderança alguém com o potencial para ter um desempenho exemplar nessa função. Isso exige que você se concentre nos pontos fortes da pessoa e considere seus pontos fracos como irrelevantes, a menos que eles representem um obstáculo ao total aproveitamento dos pontos fortes da pessoa.

Por fim, reflita sobre seus próprios pontos fortes e os dos seus chefes. Peça às pessoas que o conhecem para ajudá-lo a identificar seus pontos fortes. Elabore um plano de aprendizado contínuo por meio do qual você possa desenvolver mais esses pontos fortes. Da mesma maneira, faça o possível para tornar produtivos os pontos fortes dos seus chefes, reforçando-os e protegendo-os dos efeitos das suas fraquezas. (Veja o Capítulo 4 de *O Gestor Eficaz*.)

Propósito da organização

- Tornar produtivos os pontos fortes é a única finalidade da organização.

- O gestor eficaz torna produtivos os pontos fortes. Ele sabe que nada se constrói sobre a fraqueza. Para conseguir resultados, temos de usar todas as forças disponíveis – a dos associados, a do superior e a nossa própria. Nesses pontos fortes estão as verdadeiras oportunidades. Tornar seus pontos fortes produtivos é a única finalidade da organização.

- A tarefa de um gestor não é modificar os seres humanos. Bem ao contrário, como nos mostra a Bíblia na Parábola dos Talentos, a missão é multiplicar a capacidade de desempenho do todo, pondo em uso todos os pontos fortes, toda a saúde, toda a aspiração que existe nos indivíduos.

O Gestor Eficaz, *pp. 71-123*

QUESTIONAMENTO

Estou tentando compreender os pontos fortes de meus colegas, subordinados e chefes? Quais são esses pontos fortes? Como posso aproveitá-los ao máximo na minha empresa?

_____
_____
_____
_____
_____
_____
_____

■ *Ação* ■

Aumente a capacidade de desempenho das pessoas na sua empresa, colocando-as em posições que coincidam com seus pontos fortes, níveis de energia e aspirações.

_____
_____
_____
_____
_____
_____
_____
_____
_____
_____

Gestão de pessoal com base em pontos fortes

■ O gestor eficaz preenche as posições e promove na base do que uma pessoa pode fazer; não toma decisões sobre pessoal para diminuir fraquezas, e sim para aumentar a força.

O Gestor Eficaz, p. 93-94

■ Questionamento

Ao preencher posições, procuro escolher pessoas que apresentam pontos fortes específicos para a atribuição, ou busco pessoas "versáteis" sem fraquezas evidentes?

_____
_____
_____
_____

■ *Acção* ■

Concentre-se no que candidatos em potencial podem fazer e determine se esses pontos fortes são os pontos fortes ideais para determinada atribuição.

_____
_____
_____
_____
_____
_____

Pontos fracos das pessoas

- Onde há picos, há vales.

- Pessoas fortes sempre trazem também grandes fraquezas. Onde há picos, há vales. E ninguém é forte em diversas áreas. Comparado ao universo do conhecimento humano, experiência e habilidades, até o maior dos gênios precisaria ser classificado como um total fracasso.

   O desempenho só pode ser construído com base em pontos fortes. O mais importante é a capacidade de executar as tarefas atribuídas.
   O Gestor Eficaz, *pp. 93-101*

QUESTIONAMENTO

Sou perfeccionista? Trato os pontos fracos de um candidato como limitações ou como desqualificações automáticas?

_____
_____
_____
_____
_____
_____
_____
_____

Quais são os meus pontos fortes?

Ao mesmo tempo, o *feedback* também irá revelar quando o problema é falta de modos. Bons modos são o óleo lubrificante de uma organização. É uma lei da natureza que dois corpos em movimento que entram em contato um com o outro criam fricção. Isso é verdadeiro tanto para seres humanos como para objetos inanimados. Bons modos – atitudes simples, como dizer "por favor" e "obrigado" e saber o nome de uma pessoa ou perguntar pela família dela – possibilitam que duas pessoas trabalhem juntas, gostem uma da outra ou não. Pessoas brilhantes, especialmente jovens brilhantes, não costumam compreender isso. Se a análise mostrar que o trabalho brilhante de alguém vive fracassando quando a cooperação de outras é necessária, isso provavelmente indica falta de cortesia – ou seja, falta de modos.

Peter F. Drucker, "Managing Oneself",
Harvard Business Review, janeiro de 2005, p. 102

■ *Ação* ■

Procure a pessoa com o melhor desempenho na sua empresa. Que pontos fracos são evidentes nela? Procure corrigir em si próprio esses e outros pontos fracos que possam ser facilmente sanados, como os maus modos.

_____
_____
_____
_____
_____
_____
_____

Procure os pontos fortes notáveis

- Os gestores eficazes nunca perguntam: "Como ele está se dando comigo?", e sim: "Com que ele está contribuindo?". A pergunta nunca é: "O que é que uma pessoa não pode fazer?", mas, sim: "O que é que ela pode fazer extraordinariamente bem?". Ao escolher auxiliares, eles procuram perfeição em uma área principal, e não desempenho em todos os sentidos.

O Gestor Eficaz, *p. 95-96*

QUESTIONAMENTO

Busco o alto desempenho em relativamente poucas áreas que têm importância para uma atribuição, ou meu principal questionamento é: "Como será o relacionamento dessa pessoa comigo?"

_____
_____
_____
_____

■ *Ação* ■

Identifique aquilo que uma pessoa pode fazer excepcionalmente bem e descubra se esse ponto forte corresponde àquele exigido pela atribuição. Não busque a total excelência em um candidato. Concentre-se na atribuição, e não no relacionamento.

_____
_____
_____
_____
_____

Torne cada função exigente e importante

- A segunda regra para a escolha de pessoal por seus pontos fortes é tornar cada função exigente e importante. Ela deve ser suficientemente desafiadora para deixar aflorar quaisquer pontos fortes que a pessoa possa ter. Ela deve ter um escopo tal que permita que qualquer esforço relevante para a tarefa possa produzir resultados significativos.

- Somente quando o cargo é grande e exigente desde o início, habilitará a pessoa a erguer-se à altura das novas exigências de uma situação diferente.

  O Gestor Eficaz, *p. 103-106*

■ Questionamento

Sou bastante exigente com pessoas que demonstram, de fato, ter pontos fortes para desempenhar as atribuições por mim delegadas?

_____
_____
_____
_____
_____
_____
_____
_____
_____
_____

■ *Ação* ■

Comece identificando o que uma pessoa deve ser capaz de fazer bem. Depois, exija que ela realmente execute bem a atribuição recebida. Faça exigências graves e insista na busca da excelência.

_____
_____
_____
_____
_____
_____
_____
_____
_____

Torne irrelevantes os pontos fracos

■ Em uma empresa pode-se fazer com que pontos fortes sejam eficazes, e pontos fracos, irrelevantes.

■ Poderemos estruturar uma organização na qual as fraquezas se tornem uma mancha pessoal sem repercussão ou, pelo menos, paralela ao trabalho e à realização. Podemos estruturar a organização de modo a tornar a força relevante. Um bom contador especialista em impostos, se for trabalhar independentemente, poderá ser prejudicado por dificuldades no trato com as pessoas; em uma organização, por sua vez, esse homem pode trabalhar em um gabinete privado, isolado do contato direto com pessoas.

■ Há outros, por sua vez, que sabem lidar com o público. Contabilistas de impostos excelentes são muitas vezes mais raros.

O Gestor Eficaz, *pp. 97-99*

■ QUESTIONAMENTO

Como posso tornar eficazes os pontos fortes de cada pessoa da minha empresa e, ao mesmo tempo, tornar irrelevantes seus pontos fracos?

_____
_____
_____
_____
_____
_____

Ação

Identifique os pontos fracos do seu pessoal e desenvolva uma estrutura organizacional que maximize seus pontos fortes coletivos e proteja a empresa contra pontos fracos graves.

_____
_____
_____
_____
_____
_____
_____
_____
_____
_____

Trabalhos estruturados para se adequar a personalidades

■ É quase certo que a estruturação das funções para acomodar personalidades conduzirá ao favoritismo e conformismo; e não há organização que possa suportar qualquer dos dois. Ela precisa de equidade e probidade em suas decisões sobre pessoal. De outro modo, perderá seus bons empregados ou irá destruir-lhes o incentivo. Ela precisa de diversidade ou perderá a capacidade de se modificar e a capacidade de divergência que a decisão certa exige.

O Gestor Eficaz, *pp. 97-99*

■ QUESTIONAMENTO

Busco por diversidade ao escolher pessoas para preencherem as posições na minha empresa?

Como faço isso? Baseio-me em raça, cor, credo e país de origem, ou na diversidade de pontos fortes requeridos para atingir um desempenho notável? Preciso saber se minha decisão tem por base a pergunta: "Esta é a pessoa mais adequada para desempenhar um trabalho excepcional?"

_____
_____
_____
_____
_____
_____

■ *Ação* ■

Estruture as tarefas de maneira imparcial, levando em conta unicamente os pontos fortes da pessoa no desempenho das atribuições exigidas por essas atividades.

___
___
___
___
___
___
___
___
___

Etapas decisivas para tomar decisões eficazes na gestão de pessoal

- Há cinco decisões para tornar pontos positivos produtivos por meio de decisões eficazes sobre gestão de pessoal.
  - Reflita sobre a atribuição
  - Analise várias pessoas qualificadas
  - Analise registros de desempenho para determinar em que cada candidato se sobressaiu
  - Discuta sobre os candidatos com pessoas que trabalharam com eles
  - Verifique se a pessoa indicada para o cargo compreende a atribuição.

O Gestor Eficaz, *pp. 93-116*

QUESTIONAMENTO

Sigo um procedimento sistemático para selecionar pessoas para posições em aberto? Qual é minha classificação de sucesso em decisões sobre gestão de pessoal?

_____
_____
_____
_____
_____
_____
_____
_____

■ *Ação* ■

Siga as etapas mencionadas no início deste tópico para tomar decisões sobre gestão de pessoal. Se você divergir dessas etapas, verifique se há um motivo convincente para isso.

_____
_____
_____
_____
_____
_____
_____
_____
_____

Pense na atribuição

———————■———————

■ Descrições de funções podem durar muito tempo; no entanto, atribuições de trabalho mudam o tempo todo, às vezes de maneira imprevisível.

———————■———————

■ A descrição da função de um general comandando uma tropa não mudou desde o tempo de Napoleão. Mas a atribuição tanto pode ser a de treinar uma tropa de recrutas inexperientes quanto a de comandar uma tropa em combate.

O Gestor Eficaz, *pp. 100-103*

■ QUESTIONAMENTO

Procuro preencher uma posição em aberto com uma pessoa que melhor se adapte à descrição geral da função, ou busco uma pessoa que tenha demonstrado pontos fortes para executar a atribuição específica?

_____
_____
_____
_____

■ *Ação* ■

Pense na atribuição principal da pessoa que ocupará a posição em aberto que você está procurando preencher.

_____
_____
_____
_____
_____

Considere várias opções de pessoas qualificadas

- Qualificações formais, como aquelas listadas em um currículo, em um arquivo de pessoal, em um anúncio de emprego ou em um anúncio de jornal, são apenas o ponto de partida. Sua ausência desqualifica um candidato.

  - O mais importante é que a pessoa e a atribuição se ajustem. Para encontrar o melhor ajuste, avalie pelo menos três a cinco candidatos.

  O Gestor Eficaz, *pp. 109-111*

■ QUESTIONAMENTO

No processo de seleção de pessoas, qual é o papel das qualificações formais, como aquelas listadas em um currículo, que sejam adequadas aos requisitos de uma função, e dos pontos fortes do candidato?

_____
_____
_____
_____

■ *Ação* ■

Considere várias pessoas qualificadas para cada cargo e certifique-se de que a pessoa selecionada e a atribuição sejam adequadas uma à outra.

_____
_____
_____
_____

Analise os registros de desempenho dos candidatos

- Aquilo que uma pessoa não pode fazer tem pouca importância. Portanto, concentre-se naquilo que as pessoas podem fazer e determine se elas têm os pontos fortes adequados para desempenhar essa atribuição específica.

- Os pontos fracos são apenas limitações e, como acontece com a ausência de qualificações formais, eles podem eliminar um candidato. Mas o desempenho só pode ser construído a partir dos pontos fortes. O mais importante é a capacidade de executar a atribuição.

  O Gestor Eficaz, *pp. 106-109*

QUESTIONAMENTO

Elimino as pessoas com base nos seus pontos fracos, ou em razão da ausência de pontos fortes específicos exigidos pelo cargo?

_____
_____
_____
_____
_____
_____
_____
_____
_____

■ *Ação* ■

Ao preencher um cargo, concentre-se naquilo que cada candidato fez bem. Determine se aquilo que um candidato executou bem corresponde ao que é exigido pela atribuição.

_____
_____
_____
_____
_____
_____
_____
_____
_____

Discuta sobre candidatos com ex-colegas de trabalho

- A opinião de uma única pessoa não tem valor. Ao solicitar opiniões adicionais, você pode aprender sobre os pontos fortes que impressionaram outras pessoas, mas que passaram despercebidos por você. Mas também é provável que descubra pontos fracos e limitações que não havia notado antes. As melhores informações costumam ser obtidas por meio de discussões informais com os ex-chefes e ex-colegas de um candidato.

O Gestor Eficaz, *pp. 101-103*

■ QUESTIONAMENTO

Baseio-me na opinião de uma única pessoa ao avaliar o desempenho anterior de um candidato, ou em discussões formais e informais com chefes e colegas de um candidato? Comparo minhas avaliações com as de outras pessoas da minha empresa que entrevistaram o candidato?

_____
_____
_____
_____
_____
_____
_____
_____
_____

▪ *Ação* ▪

Solicite várias opiniões sobre um candidato. Dessa maneira, é possível aprender sobre pontos fortes que impressionaram outras pessoas, mas que passaram despercebidos por você. Talvez você descubra pontos fracos e limitações que não havia notado antes.

A pessoa indicada para o cargo deve compreender a atribuição

- Embora essa seja a última etapa na tomada de decisões sobre gestão de pessoas, talvez ela seja a mais importante. Se você não aceitar essa responsabilidade de se assegurar de que a pessoa indicada para o cargo compreende sua nova função, não culpe a pessoa recém-chegada se ela por acaso falhar. Culpe a si mesmo por não ter cumprido com seu dever como gestor.

- A melhor maneira de fazer isso é pedir à pessoa recém-chegada que pense melhor sobre o que precisa fazer para ser bem-sucedida. Em seguida, passados 90 dias na função, solicite que ela se comprometa a escrever um relatório.

O Gestor Eficaz, pp. 103-107

QUESTIONAMENTO

Perguntei à pessoa indicada para o cargo se ela compreendeu a designação? Ela me respondeu por escrito? Culpo a pessoa recém-chegada se por acaso ela falhar, ou culpo a mim mesmo por não ter cumprido com meu dever como gestor?

_____
_____
_____
_____
_____
_____
_____
_____

▪ *Ação* ▪

Aceite a responsabilidade de verificar se a pessoa indicada para o cargo compreende sua nova função.

Cinco regras fundamentais para a tomada de decisões eficazes na gestão de pessoal

- Não é possível acertar sempre quando se trata de tomar decisões envolvendo pessoas. Mas os gestores que levam a sério a tomada de decisões em relação ao seu pessoal e se empenham para acertar podem se aproximar da perfeição. Além das cinco etapas para a tomada de decisões envolvendo pessoas, todo gestor bem-sucedido segue cinco regras básicas:
  - O gestor deve aceitar a responsabilidade por eventuais falhas de colocação
  - O gestor tem a responsabilidade de remover pessoas que não apresentam o desempenho esperado
  - O fato de uma pessoa não apresentar um bom desempenho na função em que foi colocada não significa que essa pessoa é um mau profissional que a empresa deve demitir
  - O gestor deve procurar tomar as decisões certas na escolha de pessoas para todas as funções
  - Pessoas novas na empresa devem ser colocadas em uma função já existente, na qual as expectativas sejam conhecidas e elas possam obter ajuda disponível.

O Gestor Eficaz, *pp. 93-116*

QUESTIONAMENTO

Quais dessas regras básicas para gestão de pessoal você segue? Quais você ignora?

_____
_____
_____
_____

■ *Ação* ■

Busque a perfeição em suas recomendações e decisões sobre gestão de pessoal, mas lembre-se de que a perfeição pode iludi-lo. Siga as cinco regras fundamentais.

_____
_____
_____
_____
_____
_____
_____
_____
_____

Responsabilidade por colocações erradas

■ O gestor deve assumir a responsabilidade por qualquer colocação que venha a falhar. Culpar a pessoa que apresentou um desempenho fraco é um pretexto. O gestor cometeu um erro ao selecionar essa pessoa para determinada função.

O Gestor Eficaz, *pp. 86-89*

■ QUESTIONAMENTO

Costumo culpar uma pessoa com desempenho fraco por meu erro de colocação?

_____
_____
_____
_____
_____
_____
_____
_____
_____
_____

Quanto tempo demora para saber se você contratou a pessoa certa?

"Geralmente em 1 ano – em dois, com certeza – fica bastante claro se alguém está conseguindo os resultados que você esperava... Não se condene se, às vezes, errar na contratação. Mas lembre-se, compete a você consertar o erro."

Jack Welch, *Paixão por Vencer*, Rio de Janeiro: Editora Campus/Elsevier, 2005

■ Ação ■

Assuma a responsabilidade pelo erro se foi você o responsável pelo compromisso que resultou em fracasso.

Responsabilidade por remoção de pessoas com desempenho fraco

- "O soldado tem direito a um comando competente."

- Há um antigo ditado militar que diz: "O soldado tem direito a um comando competente." Aquele que é incompetente ou apresenta um desempenho fraco, quando é deixado sozinho para realizar sua tarefa, penaliza as outras pessoas e desmoraliza a empresa inteira. E também não é um favor manter pessoas com desempenho fraco em uma função à qual não se adaptam. Elas sabem que não estão se saindo bem nessa função.

O Gestor Eficaz, *pp. 112-115*

Questionamento

Minha empresa tem o hábito de manter uma pessoa com desempenho fraco na mesma função? As pessoas com desempenho fraco desmoralizam aquelas que dependem de seu desempenho?

_____
_____
_____
_____
_____
_____
_____
_____

Ação

Certifique-se de que as pessoas com desempenho fraco saibam que não estão apresentando um bom desempenho. Tome providências para removê-las da função atual e, depois, ajude-as na sua recolocação, de modo que seus pontos fortes possam ser produtivos.

Seja franco ao fornecer o *feedback* de que elas precisam para seu aperfeiçoamento profissional.

Como escolher a pessoa certa para cada cargo

- Procure tomar a decisão certa em relação à colocação de pessoas em diferentes cargos. Uma empresa só terá um bom desempenho se puder contar com a capacidade de cada um de seus funcionários; então, as decisões envolvendo pessoas devem ser certas. Há funções que oferecem poucas chances de crescimento profissional. Mas todos os cargos são importantes.

O Gestor Eficaz, *pp. 113-115*

Questionamento

O desempenho da minha empresa pode ser considerado próximo do ideal? Até que ponto o déficit é o resultado das decisões de gestão de pessoal na empresa?

_____
_____
_____
_____

■ *Ação* ■

Eleve o nível de desempenho da sua empresa, tentando tomar as decisões corretas em relação à colocação de pessoas em cada cargo.

_____
_____
_____
_____
_____

Uma segunda chance

■ O fato de uma pessoa não apresentar um bom desempenho na função em que foi colocada não significa que ela seja um mau profissional que a empresa deva demitir. Isso só significa que ela está na função errada.

O Gestor Eficaz, *pp. 113-115*

QUESTIONAMENTO

Minha empresa oferece às pessoas uma segunda chance em outra função que melhor se adapte aos seus pontos fortes? Em caso afirmativo, qual é o índice de sucesso delas em uma segunda função?

_____
_____
_____
_____
_____
_____
_____

As pessoas malsucedidas em uma nova função deveriam ter a oportunidade de ser recolocadas em uma função, mantendo seu nível e salário anteriores. A própria existência da opção pode ter um efeito poderoso, incentivando as pessoas a deixarem posições seguras e confortáveis para assumir novas atribuições de risco. O desempenho da empresa depende da vontade dos colaboradores de aproveitar essas oportunidades.

Uma revisão sistemática das decisões também pode ser uma ferramenta poderosa para o autodesenvolvimento. A comparação dos resultados de uma decisão com as expectativas mostra aos gestores seus pontos fortes, em qual ponto precisam melhorar e em qual requerem mais conhecimento ou informações. Ela revela seus preconceitos."

Peter F. Drucker, "What Makes an Effective Executive",
Harvard Business Review, junho de 2004, p. 61

Primeiro quem... depois o quê

"Quando você sabe que precisa fazer uma mudança que envolve gente, aja. (*Corolário*: primeiro tenha certeza de que não se trata apenas de um caso de alguém que está no lugar errado.)"

Jim Collins, *Empresas Feitas para Vencer*, Rio de Janeiro:
Editora Campus/Elsevier, 2001

[...] encontrar um emprego depois de ter sido demitido

"O objetivo ao ser demitido é não cair no que sempre chamo de 'redemoinho da derrota', em que você se deixa sugar pela espiral de inércia e desespero."

Jack Welch, *Paixão por Vencer*, Rio de Janeiro:
Editora Campus/Elsevier, 2005

■ *Ação* ■

Procure adotar a política de colocação de pessoas com desempenho fraco em outra função dentro da empresa, após fazer uma avaliação detalhada de seus pontos fortes e das exigências da segunda função. Acompanhe, cuidadosamente, os índices de sucesso nessas segundas chances.

_____
_____
_____
_____
_____

Coloque recém-contratados em funções já existentes na empresa

- As novas principais atribuições devem ser ocupadas por pessoas cujos comportamentos e hábitos sejam bem conhecidos e que já tenham conquistado confiança e credibilidade.

- A prática comum de contratar uma pessoa externa para preencher uma nova função é arriscada demais. Não é de surpreender que o índice de fracasso seja bem superior a 50%.

O Gestor Eficaz, *pp. 103-106*

QUESTIONAMENTO

As novas atribuições importantes em minha empresa são ocupadas por pessoas cujos comportamentos e hábitos são bem conhecidos e que já conquistaram confiança e credibilidade?

_____
_____
_____
_____
_____
_____
_____
_____
_____

Gerentes eficazes colocam seu melhor pessoal em oportunidades, e não em problemas.

Peter F. Drucker, "What Makes an Effective Executive",
Harvard Business Review, junho de 2004, p. 62

Primeiro quem... depois o quê

"Coloque suas melhores pessoas em suas maiores oportunidades, não em seus maiores problemas."

Jim Collins, *Empresas Feitas para Vencer*, Rio de Janeiro:
Editora Campus/Elsevier, 2001, p. 100

Considerando os riscos adicionais associados às novas designações mais importantes, sempre que possível procure fazer essas nomeações internamente.

_____
_____
_____
_____
_____
_____
_____
_____

Avalie com base em pontos fortes

- A avaliação do desempenho começa com uma exposição das principais contribuições esperadas de uma pessoa em suas posições anteriores e atual, e um registro de seu desempenho comparado com essas metas.
- Depois, são feitas estas seis perguntas:
  - "O que a pessoa fez bem?"
  - "O que, portanto, provavelmente a pessoa será capaz de fazer bem?"
  - "O que a pessoa deve aprender ou adquirir para conseguir obter o máximo benefício de seus pontos fortes?"
  - "Se eu tivesse um filho ou filha, gostaria que ele ou ela trabalhasse se reportando a essa pessoa?"
    - "Em caso afirmativo, por quê?"
    - "Em caso negativo, por quê?"

O Gestor Eficaz, pp. 108-111

QUESTIONAMENTO

Na minha empresa, o processo de avaliação do desempenho começa com o foco em pontos fortes? Começa com aquilo que uma pessoa pode fazer? Considera pontos fracos como limitações ao total aproveitamento de pontos fortes e conquistas, eficácia e resultados?

_____
_____
_____
_____

■ *Acção* ■

Na avaliação de desempenho, destaque o desempenho esperado com base nos pontos fortes da pessoa. Defina o que uma pessoa deve aprender para aproveitar totalmente seus pontos fortes. Sugira meios de corrigir quaisquer pontos fracos que, no momento, representem um obstáculo ao total desenvolvimento de pontos fortes.

_____
_____
_____
_____
_____
_____
_____
_____

Caráter e integridade

- Os subordinados, especialmente os brilhantes, jovens e ambiciosos, tendem a se comportar como espelhos de um patrão forte. Não há nada, portanto, mais corruptor e mais destrutivo, em uma organização, que um gestor forte, mas basicamente corrupto. Alguém assim poderá agir perfeitamente bem em trabalhos individuais; mesmo em uma organização, poderá ser tolerável se lhe for negado qualquer poder sobre outros, mas, em uma posição de mando em uma organização, ele destruirá. Eis aqui, portanto, a única área em que a fraqueza em si mesma tem alguma importância e relevância.

O Gestor Eficaz, *pp. 106-111*

■ QUESTIONAMENTO

A alta gerência da minha empresa tolera a falta de caráter e integridade em um líder?

Percebo que caráter e integridade por si sós não realizam coisa alguma, mas que sua ausência afeta todo o resto?

_____
_____
_____
_____
_____
_____
_____
_____
_____

Desenvolvimento do caráter

Tratamos bastante sobre o desenvolvimento de gestores. Abordamos, em especial, o desenvolvimento de pontos fortes de pessoas e a oportunidade de vivenciarem experiências. O caráter não é desenvolvido dessa maneira. Ele se desenvolve internamente, e não fora da pessoa. Acredito que atualmente os principais agentes de desenvolvimento de caráter sejam igrejas, sinagogas e programas de recuperação em 12 etapas.

Entrevista por Rich Karlgaard, "Peter Drucker on Leadership", *Forbes.com*, 19 de novembro de 2004

Traços do caráter

"... amplie a sua definição de 'pessoas certas', para se concentrar mais nos atributos de caráter da pessoa e menos em conhecimento especializado. As pessoas podem aprender técnicas e adquirir conhecimentos, mas não podem aprender os traços essenciais de caráter que as tornam certas para a sua organização."

Jim Collins, *Empresas Feitas para Vencer*, Rio de Janeiro: Editora Campus/Elsevier, 2001, pp. 297-298

Não nomeie para uma posição de liderança alguém cujos caráter e integridade possam corromper outras pessoas.

Como administro meu chefe?

- Todo mundo tem um chefe, ou pelo menos quase todo mundo. E a maioria tem mais de um chefe. Uma pessoa do RH, que trabalha em uma equipe, tem pelo menos dois chefes – o gestor de RH (que a colocou nessa equipe) e o gestor da equipe. O *controller* de uma divisão em uma grande empresa tem pelo menos dois chefes: o diretor financeiro ou contábil da empresa e o gestor da divisão. E a tendência é que trabalhadores do conhecimento tenham um número cada vez maior de chefes, um número cada vez maior de pessoas de cuja aprovação e avaliação eles dependam, e de cujo apoio necessitem. O chefe não é apenas a pessoa-chave para tratar de pagamento, promoção e colocação; é também a pessoa-chave para a eficácia do trabalhador do conhecimento. Independentemente de o trabalho do trabalhador do conhecimento ser bom ou não, se o chefe não interferir nada, nada será feito. Aqui [*nas próximas leituras*] há sete chaves para o sucesso na gestão de chefes.

O Gestor Eficaz, *pp. 116-119*

■ QUESTIONAMENTO

Qual foi a importância de chefes com alto desempenho para minha própria eficácia e carreira? Alguma vez já me importei com o que seria necessário para gerenciar meu chefe?

_____
_____
_____
_____
_____

■ *Acção* ■

Adote como uma de suas principais prioridades ajudar seu chefe a se tornar o mais eficaz possível.

_____
_____
_____
_____
_____
_____
_____
_____

Uma lista de chefes

- A primeira coisa a fazer é criar uma "lista de chefes". Pegue uma folha de papel e escreva o nome de todas as pessoas a quem você se reporta, todos aqueles que conduzem você e seu pessoal, pessoas que avaliam você e seu trabalho, que devem ter uma opinião sobre você e seu desempenho, todos aqueles dos quais você depende para tornar eficaz seu trabalho e o de seu pessoal. E reveja essa lista uma vez ao ano e toda vez que seu trabalho ou sua atribuição mudar. É pouco provável que a lista seja a mesma por mais de um ano.

O Gestor Eficaz, *pp. 116-119*

■ QUESTIONAMENTO

Quem tem o poder e maior propensão de ser escutado quando opina sobre mim, meu desempenho, meu trabalho, minha competência e qualificações?

_____
_____
_____
_____
_____
_____
_____
_____

▪ *Acção* ▪

Crie uma lista de chefes e lembre-se: é melhor incluir algumas pessoas a mais e, depois, eliminá-las, do que deixar de incluir pessoas que deveriam constar nessa lista.

_____
_____
_____
_____
_____
_____
_____
_____
_____

Input de chefes

- O segundo passo é solicitar o *input* de todas as pessoas da lista e fornecer a cada uma seu *input*. Pergunte a cada uma: "O que eu faço e o que meu pessoal faz que ajuda você a executar seu trabalho? E o que fazemos que representa um empecilho e dificulta ainda mais sua vida?"

O Gestor Eficaz, *pp. 116-119*

Questionamento

O que eu ou meu pessoal fazemos que ajuda as pessoas da minha lista de chefes a executarem suas tarefas? O que as pessoas da minha lista de chefes fazem que atrapalha o meu trabalho e o dificulta ainda mais?

_____
_____
_____
_____

Ação

Reveja sua lista de chefes. Identifique o que cada pessoa faz para impactar a execução do seu trabalho. Permita que esses "chefes" saibam o que atrapalha você, bem como o que você faz ou deixa de fazer que os atrapalha.

_____
_____
_____
_____

Ajude os chefes a serem produtivos

- O segredo é que gestores eficazes tornem produtivos os pontos fortes do chefe.

- O terceiro passo é habilitar seus chefes a terem um bom desempenho. O segredo é que gestores eficazes tornam os pontos fortes do chefe produtivos. Acima de tudo, o gestor eficaz tenta tornar os pontos fortes do seu próprio superior produtivos. Ele não se preocupa muito com o que o chefe não é capaz de fazer.

- O gestor eficaz, então, pergunta: "O que meu chefe sabe fazer realmente bem? O que ele tem feito realmente bem? O que ele precisa saber para conseguir utilizar seus pontos fortes? O que ele precisa obter de mim para ter um bom desempenho?"

O Gestor Eficaz, *pp. 116-119*

QUESTIONAMENTO

Meu chefe deseja que eu faça apresentações mensais sobre desempenho, planos e problemas do meu departamento, ou deseja que eu o procure sempre que existir algo a relatar, algum problema a resolver ou alguns resultados a serem analisados? Meu chefe prefere receber relatórios por escrito ou relato verbal? Meu chefe deseja obter as informações logo pela manhã, no final do dia ou em algum intervalo durante o dia?

_____
_____
_____
_____

■ *Ação* ■

Não tente reformar seu chefe. Não tente reeducá-lo para que se assemelhe àquilo que livros ou faculdades de administração dizem que um chefe deve ser. Em vez disso, permita que cada um dos seus chefes se comporte como um indivíduo único. Aceite que é sua responsabilidade possibilitar que chefes tenham um bom desempenho, respeitando o estilo próprio de trabalho de cada um. Como você deve proceder?

_____
_____
_____
_____
_____
_____
_____
_____
_____
_____

Concentre-se nos pontos fortes dos chefes

- É tarefa do gestor tornar eficazes os pontos fortes do seu pessoal e irrelevantes seus pontos fracos.

- O quarto passo é focar nos pontos fortes dos chefes. É tarefa do gestor tornar os pontos fortes do seu pessoal eficazes e seus pontos fracos irrelevantes, e isso se aplica tanto aos chefes quanto aos subordinados do gestor.

- O gestor eficaz reconhece que o chefe é humano. E, como tal, o superior apresenta pontos fortes e também limitações. Concentrar-se nesses pontos fortes, ou seja, habilitar o superior a fazer o que ele pode fazer o tornará eficaz. Assim, o subordinado também se torna eficaz. Tentar ressaltar os pontos fracos do superior será tão frustrante e inútil quanto tentar destacar os pontos fracos de um subordinado.

O Gestor Eficaz, *pp. 116-119*

■ QUESTIONAMENTO

Quais são os pontos fortes e os pontos fracos do meu chefe? Como posso ajudá-lo a ser bem-sucedido? Que mudanças seriam necessárias em meu comportamento para começar a focar os pontos fortes do chefe e tornar irrelevantes seus pontos fracos?

_____
_____
_____
_____

O poder da surpresa positiva

"Mude sua forma de trabalhar para que as pessoas ao seu redor trabalhem melhor e seu chefe pareça mais inteligente. Não fique apenas no previsível."

Jack Welch, *Paixão por Vencer*, Rio de Janeiro:
Editora Campus/Elsevier, 2005

"Não faça seu chefe usar o capital político dele ou dela para defendê-lo ou impulsioná-lo."

Jack Welch, *Paixão por Vencer*, Rio de Janeiro:
Editora Campus/Elsevier, 2005

■ *Ação* ■

Pergunte ao seu chefe sobre seus hábitos de trabalho. Trabalhe os pontos fortes dele e proteja-o contra seus pontos fracos. Não o subestime.

_____
_____
_____
_____
_____
_____
_____
_____
_____
_____

Mantenha os chefes informados

- O quinto passo é manter seus chefes informados. Eu me rendo ao fato de que é bem óbvio, para qualquer pessoa mais observadora, que as pessoas ou são "leitoras" ou "ouvintes"...

- Pessoas que são tanto leitoras quanto ouvintes – advogados precisam ser ambos, como regra – são exceções. Em geral, é perda de tempo conversar com um leitor. Ele só ouve aquilo que leu. Da mesma maneira, é uma perda de tempo submeter um relatório extenso a um ouvinte. Ele só consegue absorver as palavras pronunciadas.

O Gestor Eficaz, *pp. 116-119*

■ Questionamento

Meu chefe é um leitor ou um ouvinte?

Uma maneira simples e infalível de descobrir como meu chefe deseja ser informado é perguntando: "Como você deseja ser informado?"

_____
_____
_____
_____
_____
_____
_____
_____
_____
_____

■ *Ação* ■

Mantenha seu chefe informado de acordo com o estilo de trabalho dele. Não tente ser um psicólogo: pergunte a ele como prefere ser mantido informado.

Evite surpresas

■ Cabe ao subordinado proteger seu chefe de qualquer surpresa.

■ O sexto passo é proteger os chefes de surpresas. Em uma empresa não há surpresas boas. Ser exposto a uma surpresa na empresa pela qual a pessoa é responsável é humilhante, e essa humilhação costuma ser pública. Então, é tarefa do subordinado proteger seu chefe de qualquer surpresa. Caso contrário, eles não confiarão no subordinado, e com toda razão.

O Gestor Eficaz, *pp. 116-119*

■ QUESTIONAMENTO

Como cada um de meus chefes gostaria de ser avisado sobre possíveis surpresas? Quais deles querem receber um relatório completo, mesmo quando há apenas uma chance mínima de serem pegos de surpresa?

_____
_____
_____
_____
_____
_____
_____
_____

■ *Ação* ■

Pense bem na maneira como cada um de seus chefes deve ser informado. Lembre-se: pessoas diferentes devem ser informadas de modo diferenciado.

___
___
___
___
___
___
___
___
___
___

Erros comuns na administração do chefe

- O chefe de uma pessoa muda, e essa pessoa continua informando o novo chefe da mesma maneira que fazia com o anterior.

- O chefe de uma pessoa muda e [*um erro comum*] a pessoa continua informando o novo chefe da mesma maneira que fazia com o chefe anterior. Muitas vezes isso é desastroso. O novo chefe conclui que o subordinado está tentando omitir alguma coisa ou, o que é mais comum, que o subordinado não passa de um tolo, o que, a propósito, é verdade. Se um chefe muda, é preciso mudar o modo de se comunicar com ele e transmitir informações. E, como já sabemos, o melhor meio de fazer isso é perguntando diretamente ao chefe.

O Gestor Eficaz, *pp. 116-119*

QUESTIONAMENTO

Ao manter meus chefes informados, utilizo sempre a mesma abordagem? Mesmo quando meus chefes mudam?

_____
_____
_____
_____
_____
_____
_____
_____

Por que o meu chefe age como um idiota?

"Em geral, os chefes não são terríveis com pessoas das quais gostam, respeitam e precisam. Reflita objetivamente sobre o seu desempenho."

Jack Welch, *Paixão por Vencer*, Rio de Janeiro:
Editora Campus/Elsevier, 2005

Quando seus chefes mudarem, pergunte sempre aos novos chefes como deve se comunicar com eles.

_____
_____
_____
_____
_____
_____
_____
_____
_____
_____

Autogestão

- O tempo de vida operante médio do trabalhador do conhecimento é maior do que o da organização que o emprega. Poucos negócios, por exemplo, são bem-sucedidos por mais de 30 anos. Mas estima-se que o trabalhador do conhecimento viva cerca de 50 anos economicamente ativo. E, pela primeira vez na história, um número cada vez maior de pessoas trabalhará mais tempo do que as organizações que as empregam. E isso significa algo totalmente novo e sem precedentes: os trabalhadores do conhecimento agora precisam assumir a responsabilidade pela autogestão. Ninguém, ou poucos grandes realizadores, como um Mozart, por exemplo, ou um Einstein ou um Edison, sequer sonhou no passado com tamanha autonomia e responsabilidade.

O Gestor Eficaz, *pp. 119-123*

QUESTIONAMENTO

O capital do conhecimento que detenho faz de mim um capitalista. Aceitei a responsabilidade pela gestão do meu capital humano?

_____
_____
_____
_____
_____
_____
_____
_____
_____
_____
_____

Quais são os meus pontos fortes?

Vivemos em uma era de oportunidades sem precedentes. Se você tiver ambição e conhecimento, poderá chegar ao topo na sua profissão, independentemente de onde começou. Porém, a oportunidade vem acompanhada da responsabilidade. Atualmente, as empresas não estão gerenciando as carreiras de seus colaboradores; trabalhadores do conhecimento devem, efetivamente, ser seus próprios CEO. Cabe a você conquistar seu espaço, saber quando mudar o rumo e manter-se engajado e produtivo durante um período de trabalho que pode chegar a 50 anos. Para conseguir executar bem tudo isso, é preciso cultivar uma profunda compreensão de si próprio – não apenas em relação aos seus pontos fortes e fracos, mas também como você aprende, como trabalha com as outras pessoas, quais são os seus valores e em quais tarefas você pode oferecer maiores contribuições. A verdadeira excelência só pode ser alcançada quando você opera a partir de pontos fortes.

Peter F. Drucker, "Managing Oneself",
Harvard Business Review, janeiro de 2005, p. 100

■ *Ação* ■

Assuma a responsabilidade pela gestão ativa do seu capital intelectual e pela sua carreira.

_____

_____

_____

_____

_____

Etapas da autogestão

- A autogestão requer que você:
    - Identifique seus pontos fortes
    - Reconheça seu estilo de trabalho
    - Determine como dar sua melhor contribuição
    - Assuma responsabilidade pelos relacionamentos de trabalho
    - Desenvolva oportunidades para a segunda metade da sua vida.

    O Gestor Eficaz, pp. 119-123

Identifique seus pontos fortes

- Em síntese, o gestor eficaz procura ser ele mesmo; não pretende ser nenhuma outra pessoa. Ele analisa seu próprio desempenho e seus próprios resultados e procura descobrir uma norma. "Quais são as coisas", ele se pergunta, "que pareço ser capaz de fazer com relativa facilidade, enquanto elas são bastante difíceis para os outros?".

O Gestor Eficaz, *pp. 119-123*

■ QUESTIONAMENTO

O que faço bem? Como determinei que sou bom nisso?

_____
_____
_____
_____
_____
_____
_____
_____
_____

Quais são os meus pontos fortes?

A análise de *feedback* fornece diversas implicações para ações. Primeiro, concentre-se em seus pontos fortes. Coloque-se na posição em que suas forças possam produzir resultados.

Segundo, trabalhe para aprimorar suas forças. A análise mostrará rapidamente onde você precisa aprimorar habilidades para adquirir novas. Também mostrará as lacunas em seu conhecimento – e estas normalmente podem ser preenchidas. Matemáticos nascem feitos, mas todo mundo pode aprender trigonometria.

Terceiro, descubra em que ponto sua arrogância intelectual está provocando uma ignorância que incapacita você e supere isso. Pessoas demais – especialmente pessoas que têm grande experiência em determinada área – desprezam o conhecimento em outras áreas ou acreditam que ser brilhante substitui o conhecimento. Empenhe-se em adquirir as habilidades e o conhecimento de que precisa para usar completamente seus pontos fortes.

Peter F. Drucker, "Managing Oneself",
Harvard Business Review, janeiro de 2005, p. 102

Quais são os meus valores?

Não tente mudar a si mesmo – você dificilmente conseguirá. Mas lute para melhorar a maneira como desempenha seu trabalho. E tente não aceitar trabalhos que não possa executar ou cujo desempenho será apenas sofrível.

Peter F. Drucker, "Managing Oneself",
Harvard Business Review, janeiro de 2005, p. 104

■ *Ação* ■

Utilize a *análise de feedback* para determinar seus pontos fortes. Escreva todas as suas principais decisões e ações-chave, bem como os resultados que espera alcançar. Entre 9 e 12 meses depois, verifique os resultados reais em relação às expectativas. Após seguir esse procedimento por algum tempo, você será capaz de determinar seus pontos fortes, rastreando essas decisões e ações nas quais resultados reais coincidiram com as expectativas ou até as superaram.

_____
_____
_____
_____
_____
_____
_____
_____
_____

Reconheça seu estilo de trabalho

■ Não é muito difícil saber como alcançamos resultados. Na fase adulta já é possível alguém saber se trabalha melhor pela manhã ou à noite. A pessoa sabe se trabalha melhor como membro de uma equipe ou sozinha. Alguns trabalham melhor sob pressão. Outros trabalham melhor quando têm bastante tempo disponível e conseguem terminar a tarefa bem antes do prazo. Alguns são "leitores" e outros são "ouvintes". Cada pessoa sabe tudo isso a respeito de si mesma.

O Gestor Eficaz, *pp. 120-121*

■ QUESTIONAMENTO

Qual é o meu estilo de trabalho? Gosto de trabalhar sozinho ou com colegas? Gosto de trabalhar em um ambiente com uma estrutura definida ou me desenvolvo melhor em um ambiente de trabalho em constante mudança? Trabalho melhor sob pressão? Como aprendo? Sou um leitor, um ouvinte ou ambos?

_____
_____
_____
_____
_____
_____
_____
_____

Ação

Descubra seu estilo de trabalho. Descreva suas características e utilize-as para aumentar sua eficácia. Certifique-se de utilizar o máximo possível a tecnologia para aprimorar seu estilo de trabalho.

_____
_____
_____
_____
_____
_____
_____
_____
_____
_____

Determine a melhor maneira de dar sua contribuição

- Uma pessoa tem facilidade para escrever o relatório final, ao passo que muitas outras temem essa tarefa. Todavia, essa pessoa considera ainda mais difícil e não compensador pensar no relatório e encarar decisões difíceis. Em outras palavras, essa pessoa é mais eficaz como um pensador de *staff*, que organiza e apresenta os problemas, do que como um tomador de decisões, que assume a responsabilidade pelo comando.

- O gestor eficaz olha as pessoas, inclusive ele mesmo, como oportunidades; sabe que somente a força produz resultados.

O Gestor Eficaz, *p. 119-121*

Questionamento

Que atribuições me permitirão utilizar meus pontos fortes, quais se encaixam no meu estilo de trabalho e são coerentes com meu sistema de valores?

_____
_____
_____
_____
_____
_____
_____
_____
_____
_____

Como é o meu desempenho?

Deve-se desperdiçar o mínimo esforço possível no aprimoramento de áreas de baixa competência. Consome-se muito mais energia e trabalho para se aprimorar a partir da incompetência para a mediocridade do que para se aprimorar a partir de um desempenho de primeira linha para a excelência. Mesmo assim, muitas pessoas – especialmente [...] professores e [...] organizações – concentram-se em tornar medíocres pessoas incompetentes em seu desempenho. Em vez disso, deveriam usar sua energia, seus recursos e tempo para a transformação de uma pessoa competente em alguém com um desempenho excepcional.

Peter F. Drucker, "Managing Oneself",
Harvard Business Review, janeiro de 2005, p. 102

Quais são os meus valores?

Trabalhar em uma organização cujo sistema de valores é inaceitável ou incompatível com o sistema de valores da pessoa pode condená-la tanto à frustração quanto ao não desempenho.

Organizações, assim como pessoas, têm valores. Para alguém ser eficiente em uma organização, seus valores precisam ser compatíveis com os valores da organização. Não precisam ser os mesmos, mas devem ser próximos o bastante para coexistirem. Caso contrário, a pessoa não só ficará frustrada como também não produzirá resultados.

Os pontos fortes e o modo como alguém desempenha seu trabalho raramente entram em conflito; são pontos complementares. Às vezes, no entanto, existe um conflito entre os valores da pessoa e seus pontos fortes. O que uma pessoa faz bem – às vezes até mesmo muito bem e com muito sucesso – pode não se encaixar em seu sistema de valores. Nesse caso, o trabalho pode não parecer digno de se dedicar uma vida (ou sequer uma parte substancial dela).

Peter F. Drucker, "Managing Oneself",
Harvard Business Review, janeiro de 2005, pp. 104-105

Considere bom sinal se...

"O tipo de trabalho mexe com você – você ama o trabalho, ele é divertido e importante para você, e até parece que toca em algum ponto sensível da sua alma."

Jack Welch, *Paixão por Vencer*, Rio de Janeiro:
Editora Campus/Elsevier, 2005

Fique preocupado se...

"Você tem a impressão de que precisa pôr uma máscara no trabalho."

Jack Welch, *Paixão por Vencer*, Rio de Janeiro:
Editora Campus/Elsevier, 2005

Ação

Pense em como você pode dar a contribuição certa à sua empresa. Pense nas exigências da situação específica, na maior contribuição em potencial que você pode oferecer e nos resultados que precisam ser alcançados. Aceite as oportunidades que se adaptem ao seu caso e à sua maneira de trabalho.

_____
_____
_____
_____
_____
_____
_____
_____
_____
_____

Assuma responsabilidade sobre relacionamentos de trabalho

- As empresas são construídas com base na confiança, que, por sua vez, é construída com base na comunicação e na compreensão mútua. Então, a responsabilidade por relacionamentos é essencial para o moderno trabalhador do conhecimento.

- Relacionamentos de trabalho dependem de comunicação. Como a comunicação é um processo de mão dupla, você deve se sentir à vontade para pedir a seus colegas de trabalho para refletirem e definirem seus próprios pontos fortes, estilos de trabalho e valores. Isso significa assumir responsabilidade por relacionamentos.

O Gestor Eficaz, *pp. 119-123*

QUESTIONAMENTO

Com quem devo compartilhar meus planos, objetivos e metas de trabalho, e por que devo compartilhá-los com essas pessoas? Quem depende de mim para compartilhar essas informações, e por que eles dependem de mim?

_____
_____
_____
_____

Responsabilidade por relacionamentos

Gerenciar a si mesmo requer assumir responsabilidade por relacionamentos. Isso ocorre em duas etapas. A primeira é aceitar o fato de que outras pessoas são indivíduos tanto quanto você. Elas insistem perversamente em se comportar como seres humanos. Isso quer dizer que elas também têm suas forças; elas também têm suas maneiras de fazer as coisas; elas também têm seus valores. Portanto, para ser eficiente, você precisa conhecer as forças, os modos de desempenho e os valores de seus colegas de trabalho.

A segunda parte do relacionamento está em assumir responsabilidade pela comunicação... A maioria desses [*conflitos*] surge do fato de que as pessoas não sabem o que as outras pessoas estão fazendo e como elas fazem seu trabalho, ou em que contribuição as outras pessoas estão se concentrando e quais resultados elas esperam.

Organizações não são mais construídas com base na força, mas na confiança. A existência de confiança entre as pessoas não significa necessariamente que elas gostem umas das outras. Significa que elas entendem umas às outras. Portanto, assumir responsabilidade por relacionamentos é uma necessidade absoluta. É um dever.

Peter F. Drucker, "Managing Oneself",
Harvard Business Review, janeiro de 2005, pp. 107-108

Administração de subordinados

"Gerencie os seus relacionamentos com subordinados com o mesmo cuidado com que você gerencia seus relacionamentos com seu chefe."

Jack Welch, *Paixão por Vencer*, Rio de Janeiro:
Editora Campus/Elsevier, 2005

Pense e diga nós

"Gerentes eficazes sabem que a responsabilidade final é sua, que ela não pode ser compartilhada nem delegada. Mas eles só têm autoridade porque a empresa confia neles. Isso significa que eles pensam nas necessidades e nas oportunidades da empresa antes de pensarem em suas próprias necessidades e oportunidades."

Peter F. Drucker, "What Makes an Effective Executive",
Harvard Business Review, junho de 2004, p. 63

Ação

Assuma responsabilidade por seus relacionamentos:

- Construa com base nos pontos fortes de outras pessoas, seus estilos de trabalho e valores, a fim de alcançar o desempenho eficaz do grupo
- Possibilite que outros conheçam seus pontos fortes, estilos de trabalho e valores, bem como a contribuição que devem esperar de você
- Forneça as informações de que os outros precisam, de um modo que possam compreendê-las e utilizá-las.

Desenvolva oportunidades para a segunda metade da sua vida

- Trabalhadores do conhecimento são fisicamente capazes de trabalhar até uma idade avançada, e muito além de qualquer idade convencionalmente definida como adequada para se aposentar. Mas eles correm um novo risco: podem se tornar mentalmente improdutivos. O que é comumente chamado de "estafa", um mal que mais aflige trabalhadores do conhecimento com mais de 40 anos, raramente resulta de estresse. A causa mais comum é que o trabalho se torna entediante.

- Portanto, a autogestão requer que você se prepare para a segunda metade de sua vida.

O Gestor Eficaz, *pp. 119-123*

Questionamento

Já comecei a me preparar para a segunda metade da minha vida? Preciso do desafio de estar fazendo algo de novo e diferente? Fui bem-sucedido no meu trabalho, mas não me sinto mais desafiado no que faço? Busco novas oportunidades de liderança, sucesso e respeito? O que posso fazer agora para me preparar para a segunda metade da minha vida? Sinto necessidade de "retribuir" à sociedade pelo meu sucesso pessoal na vida?

_____
_____
_____
_____

A segunda metade da sua vida

Trabalhadores do conhecimento sobrevivem às organizações, e eles são móveis. A necessidade de gerenciar a si próprio está, portanto, criando uma revolução nas questões humanas.

Peter F. Drucker, "Managing Oneself",
Harvard Business Review, janeiro de 2005, p. 109

Como revigorar as pessoas

Dentro das empresas há pessoas que, ao chegarem à faixa dos 40 anos, passam pela crise da meia-idade quando percebem que não chegarão ao topo ou descobrem que não são... excelentes. Isso ocorre com engenheiros, contadores e técnicos. A pior crise da meia-idade é a dos médicos... Todos passam por uma grave crise de meia-idade. Essencialmente, seu trabalho torna-se extremamente chato. Imagine passar 30 anos da vida vendo, por exemplo, apenas pessoas com erupções cutâneas. Eles passam por essa crise, e é exatamente nesse momento que "caem na bebida". Como salvá-los? Forneça um desafio paralelo. Sem isso, eles logo começarão a beber ou a promiscuir-se. Em uma universidade mista pode-se promiscuir e beber. Infelizmente, as duas coisas não são incompatíveis. Incentive as pessoas que estejam enfrentando uma crise da meia-idade a aplicarem suas habilidades no setor sem fins lucrativos.

Entrevista por Rich Karlgaard, "Peter Drucker on Leadership",
Forbes.com, 19 de novembro de 2004

Do sucesso para o significado

"Uma das características mais comuns em uma pessoa que está chegando ao fim da primeira metade da vida é o desejo insaciável de passar do sucesso para o significado. Após cumprirmos com nossa obrigação na primeira metade, gostaríamos de fazer algo mais significativo na segunda metade – algo que esteja acima de mordomias e contracheques e atinja os mais altos níveis de significado."

Bob Buford, *Halftime*, Zondervan Publishing House, 1994, pp. 83-84

> "O significado não precisa ser uma mudança de rumo de 180°. Em vez disso, faça algum tipo de melhoria que possa ser aplicada aos seus dons e lhe permita dedicar mais tempo a coisas relacionadas com as suas habilidades. E procure fazer isso de tal forma que recupere a empolgação daquela sua primeira negociação."
>
> Bob Buford, *Halftime*, Zondervan Publishing House, 1994, p. 89

▪ *Ação* ▪

Considere a possibilidade de ter uma segunda carreira que traga algum tipo de mudança extremamente necessária, ou pense em uma carreira paralela em uma organização sem fins lucrativos, cujos valores sejam compartilhados por você.

Pense na possibilidade de iniciar ou comandar uma ONG (organização não governamental) que atenda a alguma necessidade da sociedade.

Liste as metas que você está buscando alcançar na sua carreira, fora do trabalho ou em uma segunda carreira em potencial.

_____
_____
_____
_____
_____

5 Primeiro as Primeiras Coisas

- Concentração, 145
- Abandono, 148
- Quando o abandono é sempre a decisão correta, 150
- Um processo de abandono, 152
- Concentre-se em poucas tarefas, 154
- Prioridades e posterioridades, 156
- Adie o trabalho de alta gerência, 158
- Decida sobre posterioridades, 160
- Regras para definição de prioridades, 162

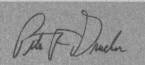

O segredo da eficácia consiste na concentração dos esforços. Você deve tomar decisões que determinem o que é mais importante e, consequentemente, o que deve ser considerado em primeiro lugar. É assim que gestores eficazes lidam com a realidade de que sempre há mais tarefas a executar do que tempo disponível para realizá-las. É dessa maneira que o gestor consegue que a maioria das tarefas seja realizada, iniciando e terminando a mais importante antes de começar a seguinte.

Abandonar o que não é mais produtivo ajuda muito a definir prioridades e a encontrar tempo para fazer o que tem maior

(continua na p. 144)

prioridade. E quando você estabelece prioridades, também é forçado a definir posterioridades – aquelas tarefas que você adia ou, mesmo, abandona. Finalmente, reveja suas prioridades e posterioridades à luz das novas realidades.

Sustentar as próprias decisões é algo que exige coragem, pois aquilo que você adia costuma ser a principal prioridade de outra pessoa. Se permitir que as pressões tomem essas decisões por você, é provável que assuma tarefas que o afastem das oportunidades mais importantes e do trabalho que precisa ser gerenciado primeiro. (Veja o Capítulo 5 de *O Gestor Eficaz*.)

Concentração

- A concentração é necessária justamente porque o gestor tem grande quantidade de tarefas a serem executadas.

    - Se existe algum "segredo" na eficácia, este é a concentração. Gestores eficazes fazem primeiro o mais importante, e uma coisa de cada vez. Há sempre um número maior de contribuições importantes a serem feitas do que tempo disponível para realizá-las.

    - Quanto mais o gestor focalizar em contribuições elevadas, tanto mais ele necessitará de períodos de tempo bastante grandes. Quanto mais procurar resultados em vez de manter-se ocupado, tanto mais a pessoa se voltará para esforços contínuos. Da mesma maneira, quanto mais um gestor trabalha para tornar pontos fortes produtivos, tanto mais ele se conscientiza da necessidade de concentrar os esforços disponíveis nas oportunidades mais importantes. Este é o único caminho para se obter resultados.

    - Este é o "segredo" das pessoas que "fazem tantas coisas ao mesmo tempo" e, aparentemente, tantas coisas difíceis. Elas fazem uma de cada vez. Assim, no final, precisam de muito menos tempo do que qualquer um de nós. Geralmente, quem não consegue realizar coisa alguma é aquele que trabalha muito mais.

    - Gestores eficazes não têm pressa. Seguem em um ritmo normal, mas constante. Gestores eficazes sabem que precisam fazer com que várias coisas aconteçam. Assim sendo, eles se concentram na realização de uma coisa de cada vez e em fazer primeiro o mais importante.

    - A concentração, ou seja, a coragem de impor ao tempo e aos eventos sua própria decisão em relação ao que realmente importa e tem prioridade é a única esperança do gestor de se tornar senhor do tempo e dos eventos, e não seu bode expiatório.

    O Gestor Eficaz, *pp. 125-139*

■ QUESTIONAMENTO

Tento executar várias tarefas ao mesmo tempo, ou me concentro em uma tarefa de cada vez e procuro tratar das minhas prioridades, com deliberação mas não de maneira frenética?

___

___

___

___

___

[...] Welch também refletiu sobre outra questão antes de decidir onde concentrar seus esforços pelos próximos 5 anos. Ele perguntou a si mesmo qual das duas ou três tarefas no início da lista era mais adequada para ele assumir. Então, concentrou-se naquela tarefa e delegou as outras. Gestores eficazes procuram se concentrar em tarefas que possam executar muito bem. Eles sabem que o bom desempenho das empresas depende do bom desempenho da alta gerência.

Peter F. Drucker, "What Makes an Effective Executive",
Harvard Business Review, junho de 2004, p. 59

Napoleão dizia que jamais uma batalha bem-sucedida havia se desenrolado conforme previsto. Mesmo assim, Napoleão planejou cada uma de suas batalhas da maneira mais meticulosa do que qualquer general anterior. Sem um plano de ação, o gestor torna-se um prisioneiro de eventos. E sem constantes reavaliações do plano à medida que os eventos se desenrolam, o gestor não tem como saber que eventos realmente importam e quais são irrelevantes.

Peter F. Drucker, "What Makes an Effective Executive",
Harvard Business Review, junho de 2004, p. 61

Ação

Concentre-se em uma tarefa de cada vez e execute primeiro aquelas que têm maior prioridade.

Abandono

- A primeira regra para a concentração de esforços do gestor é se libertar do passado que deixou de ser produtivo.

- O abandono organizado exige que testemos periodicamente todos os produtos, serviços, processos, mercados ou canais de distribuição e clientes, e usuários finais, durante seu ciclo de vida.

O Gestor Eficaz, *pp. 129-134*

QUESTIONAMENTO

Se eu não estivesse criando determinado produto, executando um serviço específico ou utilizando um processo em particular, será que, com o conhecimento que agora tenho, eu faria isso?

_____
_____
_____
_____
_____

Abandono criativo

Uma pergunta importante para líderes é: "Quando você para de investir recursos em coisas que já atingiram seu objetivo?" As armadilhas mais perigosas para um líder são aqueles casos em que você quase foi bem-sucedido e todos insistem para que se empenhe mais para que tudo dê certo. A pessoa tenta uma vez. A pessoa tenta uma segunda vez. A pessoa tenta uma terceira vez. Mas, a essa altura, deveria ser óbvio que se trata de algo muito difícil de ser alcançado.

Entrevista por Rich Karlgaard, "Peter Drucker on Leadership", *Forbes.com*, 19 de novembro de 2004

A cultura da disciplina

As listas de "coisas para deixar de fazer" são mais importantes do que as listas de "coisas para fazer".

Jim Collins, *Empresas Feitas para Vencer*, Rio de Janeiro: Editora Campus/Elsevier, 2001, p. 199

Número 1 ou número 2

"O desafio inequívoco de ser a número 1 ou a número 2 se inspirou em duas perguntas muito duras de Drucker: 'Se já não estivesse no negócio, você entraria nele hoje?' E se a resposta fosse negativa: 'O que fazer a esse respeito?'"

Jack Welch, *Jack: Definitivo*, Editora Campus/Elsevier, 2001

■ *Ação* ■

Comprometa-se com a prática do abandono organizado. Se a resposta à pergunta anterior for "não", procure fazer mudanças ou abandone a atividade.

Quando o abandono é sempre a decisão correta

■ Há pelo menos três casos em que o abandono é sempre a decisão correta. O primeiro é o produto, serviço, mercado ou processo que ainda tem alguns anos de vida, mas já mostra evidências de que está morrendo. O segundo é o ativo que não é mais produtivo, embora sua saída seja completamente efetuada. Finalmente, o terceiro e mais importante caso é a manutenção de um produto, serviço ou mercado antigo ou em declínio para o qual o crescimento de um novo produto, serviço ou mercado está sendo impedido.

O Gestor Eficaz, *pp. 129-134*

■ **QUESTIONAMENTO**

Que produtos, processos ou serviços da minha organização estão claramente morrendo? Quais não são mais produtivos? Quais estão impedindo o crescimento de um novo produto ou serviço?

_____
_____
_____
_____
_____
_____
_____
_____
_____

■ *Ação* ■

Abandone produtos, processos, serviços ou mercados que não estejam mais atendendo ao seu objetivo. Procure estabelecer um processo formal de abandono, como, por exemplo, o apresentado a seguir.

___
___
___
___
___
___
___
___
___

Um processo de abandono

- Em uma empresa relativamente grande, que oferece serviços terceirizados na maior parte dos países desenvolvidos, a manhã da primeira segunda-feira de cada mês é reservada para uma reunião de abandono em todos os níveis gerenciais, da alta gerência aos supervisores de cada área. Cada uma dessas sessões examina uma parte da empresa – um dos serviços em uma segunda-feira; uma das regiões nas quais a empresa atua 1 mês depois; a maneira pela qual esse ou aquele serviço é organizado na manhã de segunda-feira do terceiro mês, e assim por diante. Dentro de 1 ano, a empresa examina a si mesma completamente, inclusive, por exemplo, suas políticas de pessoal. No decorrer de 1 ano, é possível que três a quatro decisões importantes sejam tomadas sobre o "quê" dos serviços da empresa e talvez o dobro de decisões para mudar o "como". Mas, também, a cada ano, de três a cinco ideias para novas coisas surgem dessas sessões. As decisões para mudar qualquer coisa – seja abandonar algo ou a maneira pela qual uma coisa é feita, ou fazer algo de novo – são relatadas todos os meses a todos os membros da equipe gerencial. E duas vezes por ano todos os níveis gerenciais relatam o que de fato aconteceu em consequência dessas sessões, que providências foram tomadas e com que resultados.

Peter F. Drucker, *Desafios gerenciais para o século XXI*,
São Paulo, Pioneira Thomson Learning, 2001, p. 69

■ Questionamento

Minha empresa abandona tudo aquilo que não oferece mais contribuição?

_____
_____
_____
_____

■ *Ação* ■

Adote as medidas necessárias para instituir ou recomendar um processo formal de abandono para sua empresa.

_____
_____
_____
_____
_____
_____
_____
_____
_____
_____

Concentre-se em poucas tarefas

■ Ainda vale a pena fazer isso?

■ O gestor que deseja ser eficaz e que sua organização seja eficaz está continuamente policiando todos os programas, todas as atividades, todas as tarefas. Está sempre perguntando: "Ainda vale a pena fazer isso?". E, se não vale, livra-se disso para poder concentrar-se nas poucas tarefas que, executadas com perfeição, farão uma real diferença nos resultados de seu próprio trabalho e no desempenho da organização.

O Gestor Eficaz, *p. 132*

■ QUESTIONAMENTO

Onde está o real valor agregado na minha empresa? Estou concentrado em tarefas que, se forem benfeitas, agregarão valor e contribuirão para os resultados?

_____
_____
_____
_____
_____
_____
_____
_____
_____
_____

Sua sala dos fundos é a sala da frente de outra pessoa

"Esta é uma ideia de Peter Drucker que colocamos em prática.

Não gerencie uma copiadora: deixe isso por conta de uma gráfica especializada. Trata-se de compreender onde está o seu real valor agregado e empregar seu melhor pessoal e recursos nisso.

As salas dos fundos, por definição, nunca serão capazes de atrair o melhor que você tem a oferecer."

Jack Welch, *Jack: Definitivo*, Editora Campus/Elsevier, 2001

"Aceitamos o conselho de Peter Drucker. Transferimos as 'salas dos fundos' da GE, nos EUA, para a 'sala da frente', na Índia."

Jack Welch, *Jack: Definitivo*, Editora Campus/Elsevier, 2001

■ *Ação* ■

Descarte uma atividade antiga antes de iniciar uma nova tarefa. Incentive a criatividade, abandonando a atividade antiga a fim de abrir espaço para a nova.

Prioridades e posterioridades

■ Há sempre mais tarefas produtivas a serem realizadas do que tempo para executá-las e mais oportunidades do que pessoas para se encarregarem delas – para não mencionar os sempre abundantes problemas e crises.

O Gestor Eficaz, *p. 134*

■ **QUESTIONAMENTO**

Eu cedo à tirania da urgência? Presto mais atenção ao fluxo dos eventos, que clamam por minha atenção, e, no processo, sacrifico as tarefas realmente importantes?

_____

_____

_____

_____

_____

Verifique seu desempenho

Líderes eficazes verificam o próprio desempenho. Eles escrevem: "O que eu espero atingir se aceitar esta atribuição?" Eles guardam suas metas por 6 meses e, depois, voltam e comparam seu desempenho com as metas. Dessa maneira, eles descobrem o que fazem bem e o que não fazem tão bem. Também descobrem se escolheram as coisas realmente importantes a serem feitas. Já vi várias pessoas que são excelentes quanto à execução, mas muito fracas no que se refere à escolha das coisas importantes. Elas parecem ter o dom de fazer as coisas sem importância acontecerem. Elas têm um registro impressionante de resultados para assuntos banais.

Entrevista por Rich Karlgaard, "Peter Drucker on Leadership",
Forbes.com, 19 de novembro de 2004

Prisioneiro da sua própria organização

Quando você é o principal executivo, é o prisioneiro da sua organização. Assim que você coloca os pés no escritório, todos o procuram para pedir alguma coisa, e não adianta trancar a porta. Eles irão invadir sua sala. Então, você precisa sair do escritório. Mas isso não significa que precisa viajar. Significa ficar em casa ou ter um escritório secreto em outro lugar. Quando estiver sozinho, no seu escritório secreto, pergunte a si mesmo: "O que precisa ser feito?" Desenvolva suas prioridades e não tenha mais de duas. Não conheço ninguém que consiga fazer três coisas benfeitas ao mesmo tempo. Execute uma ou duas tarefas de cada vez. Isso é tudo. Tudo bem, pode ser que duas tarefas funcionem melhor para a maioria. A maioria das pessoas precisa de uma mudança de ritmo. Mas, ao terminar duas tarefas ou atingir o ponto em que esse esforço seja em vão, refaça sua lista. Não volte à prioridade três. A essa altura, ela já estará obsoleta.

Entrevista por Rich Karlgaard, "Peter Drucker on Leadership",
Forbes.com, 19 de novembro de 2004

■ *Ação* ■

Decida quais tarefas devem ser priorizadas e quais devem ser adiadas.

Adie o trabalho de alta gerência

■ As pressões sempre favorecem o que se passa dentro da organização.

■ Outro resultado previsível de permitir que as pressões definam as prioridades é que o trabalho da alta administração não poderá ser feito de modo algum. Esse é um trabalho sempre adiável porque não tenta resolver as crises de ontem, mas criar um amanhã diferente. E as pressões sempre favorecem o ontem. Em particular, o grupo da alta administração que se deixa controlar pelas pressões desprezará o único trabalho que ninguém mais pode fazer; não prestará atenção ao que se passa fora da organização. Perderá, assim, o contato com a única realidade, a única área em que há resultados, porque as pressões sempre favorecem o que se passa dentro da organização; sempre favorecem o que aconteceu contra o futuro; a crise contra a oportunidade; o imediato e visível contra o real; o urgente contra o relevante.

O Gestor Eficaz, p. 135

QUESTIONAMENTO

As pressões da minha empresa sempre favorecem o passado? A alta gerência presta atenção ao que se passa fora da empresa ou é consumida pelos eventos internos?

_____
_____
_____
_____
_____

Ação

Busque o equilíbrio entre as preocupações do presente e as oportunidades do futuro. Mantenha-se concentrado nas questões relevantes ao trabalho que você deveria estar desempenhando.

Decida sobre posterioridades

- A razão por que tão poucos gestores conseguem concentrar-se é a dificuldade de estabelecer o que pode ser postergado; isto é, decidir quais tarefas não atacar – e de se manter na decisão tomada. Muitos gestores aprenderam que o que adiamos, na verdade, abandonamos. Uma grande quantidade deles suspeita que não há nada menos agradável do que retomar, mais tarde, um projeto que se adiou quando ele se apresentou pela primeira vez.

O Gestor Eficaz, *pp. 135-136*

QUESTIONAMENTO

Costumo abandonar tarefas adiadas? Tento manter todas as tarefas em andamento, executando um pouco de cada uma, sem, no entanto, terminar nenhuma? Encontro dificuldade em definir posterioridades?

___
___
___
___
___
___
___
___
___

Orientados para a missão

Líderes comunicam-se de maneira tal que as pessoas do seu convívio sabem o que eles estão tentando fazer. Eles são orientados por objetivos — isso mesmo, orientados à missão. Sabem como estabelecer uma missão. Além disso, sabem como dizer não. A pressão sobre líderes para que façam 984 coisas diferentes é insuportável; então, os que são eficazes aprendem como dizer não e se mantêm assim. Eles não se deixam sufocar. São muitos os líderes que tentam fazer um pouco de 25 coisas e acabam não terminando coisa alguma. São muito populares, pois sempre dizem sim. Mas não conseguem fazer nada acontecer.

Entrevista por Rich Karlgaard, "Peter Drucker on Leadership",
Forbes.com, 19 de novembro de 2004

Evite a tendência de tentar fazer "apenas um pouco" de todas as suas tarefas. Concentre-se em concluir suas tarefas de maior prioridade.

Regras para definição de prioridades

- Almeje alto, almeje algo que faça a diferença...

- É a coragem, mais que a análise, que determina as regras verdadeiramente importantes para identificar as prioridades:
  - veja o futuro, em vez de se concentrar no passado
  - foque na oportunidade, mais do que no problema
  - escolha sua própria direção – em vez de seguir os outros
  - aponte alto, aponte para alguma coisa que faca diferença, em vez de escolher algo que seja "seguro" e fácil de fazer.

  O Gestor Eficaz, *p. 137*

QUESTIONAMENTO

Ao identificar prioridades, concentro-me nas oportunidades ou nos problemas? Almejo alto ou prefiro não arriscar?

_____
_____
_____
_____
_____
_____
_____
_____
_____
_____

Foco em oportunidades

Gestores eficazes concentram-se em oportunidades, e não em problemas. A solução de problemas, apesar de necessária, não gera resultados. Ela evita danos. Explorar oportunidades é o que gera resultados...

Peter F. Drucker, "What Makes an Effective Executive",
Harvard Business Review, junho de 2004, p. 62

Busque oportunidades. Reveja suas prioridades e posterioridades à luz das realidades. Almeje alto.

6 Elementos da Tomada de Decisão

- Tomada de decisão, 167
- É realmente necessário tomar uma decisão?, 169
- Elementos da tomada de decisão eficaz, 171
- Classificação do problema, 173
- Definição do problema, 175
- Especificações de uma decisão, 177
- Decida sobre o que é certo, 179
- O acordo certo, 181
- Converta a decisão em ação, 183
- Teste a decisão em função de resultados reais, 185
- A decisão eficaz, 188

(*continua na p. 166*)

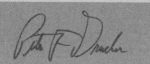

A tomada de decisões é a atividade específica do gestor. A tomada de decisões eficazes envolve um processo disciplinado, e decisões eficazes têm características específicas.

A primeira etapa no processo de tomada de decisões é determinar se uma decisão é necessária. Após essa confirmação, a próxima etapa é classificá-la como uma decisão genérica (para a qual se deve buscar uma solução genérica) ou uma decisão única (para a qual se deve encontrar uma solução única). Muitos problemas foram resolvidos anteriormente pela sua empresa, e a solução deve ser buscada e colocada em prática.

(*continua na p. 166*)

- Comece por hipóteses não testadas, 190
- Opiniões em vez de fatos, 192
- A divergência é necessária, 194
- A decisão, 196

É muito importante compreender bem um problema – verificar se sua definição do problema abrange todos os sintomas que estão sendo observados. Em seguida, defina as especificações de uma solução do problema. Isso naturalmente leva a uma resposta à pergunta: "Qual seria a solução correta para o problema – uma solução que atende a *todas* as condições-limite?"

Se for necessário um acordo, certifique-se de que ele leve à solução do problema, ou seja, se é característico de um bom acordo. Em seguida, converta a decisão em ação e decida quem deve tomar qual ação e quem é responsável pelos resultados da decisão. Finalmente, faça um acompanhamento para determinar se a decisão produziu os resultados desejados.

A decisão certa exige tanto análise como coragem. Procure iniciar com a solicitação de opiniões das pessoas que tenham conhecimento sobre a área da decisão. Teste essas opiniões, solicitando àqueles que as oferecem que reúnam os fatos necessários para justificá-las. Para tomar decisões eficazes, desenvolva discordância organizada entre as pessoas que têm diferentes opiniões. Dessa maneira, você compreenderá melhor as diversas dimensões da decisão. E, após escolher um tipo de ação, avaliando ganhos *versus* riscos de cada alternativa, você saberá quem tem maiores chances de implementar a decisão adequadamente. Veja os Capítulos 6 (Elementos da Tomada de Decisão) e 7 (Decisões Eficazes) de *O Gestor Eficaz*.

O GESTOR EFICAZ EM AÇÃO

Tomada de decisão

- Tomar decisões é tarefa específica do gestor.

- Tomadores de decisão eficazes sabem que a tomada de decisão tem seu próprio processo e seus próprios elementos e etapas claramente definidos. Cada decisão é arriscada: ela é um comprometimento de recursos presentes com um futuro incerto e desconhecido. Ignore um único elemento no processo e a decisão irá desmoronar, como uma parede mal construída submetida a um terremoto. Mas, se o processo for cuidadosamente observado e as medidas necessárias forem tomadas, o risco será minimizado e a decisão terá uma boa chance de ser bem-sucedida.

- A tomada de decisão é apenas uma das tarefas de um gestor. Normalmente, isso não exige mais que uma pequena fração de seu tempo. Mas tomar decisões é tarefa específica do gestor.

O Gestor Eficaz, pp. 113-115

QUESTIONAMENTO

Sigo um processo sistemático para tomar decisões executivas, ou simplesmente confio em meus instintos?

_____
_____
_____
_____
_____
_____
_____

168

■ *Ação* ■

Siga os elementos da tomada de decisões eficaz indicados neste capítulo.

_____
_____
_____
_____
_____
_____
_____
_____
_____

É realmente necessário tomar uma decisão?

- Cada decisão é como uma operação cirúrgica. É uma intervenção em um sistema e, assim, conduz consigo o risco do choque. Não se tomam decisões desnecessárias, como um bom cirurgião não faz cirurgia desnecessária. Os tomadores de decisões, individualmente, como os cirurgiões, diferem em seus estilos. Uns são mais radicais ou mais conservadores que os outros. Mas, em grande escala, concordam quanto às regras. Uma decisão deve ser tomada quando uma condição se apresenta com risco de degenerar se nada for feito. Isso também se aplica em relação à oportunidade. Se a oportunidade é importante e pode vir a desaparecer, salvo se agirmos rapidamente, temos de agir – e fazemos uma mudança radical.

O Gestor Eficaz, *pp. 185-186*

QUESTIONAMENTO

Ajo rapidamente quando uma situação que enfrento está se deteriorando rapidamente, ou quando é provável que uma oportunidade importante desapareça de repente?

_____
_____
_____
_____
_____
_____
_____
_____

▪ *Acção* ▪

Não tome decisões desnecessárias, mas aja com coragem quando uma situação estiver se deteriorando rapidamente ou quando correr o risco de perder uma oportunidade significativa caso adie sua decisão.

Elementos da tomada de decisão eficaz

- Gestores minimizam o risco na tomada de decisões seguindo os elementos abaixo para tomar decisões eficazes:
  - Classificação do problema
  - Definição do problema
  - Especificações de uma decisão
  - Decisão sobre o que é certo
  - Transformação da decisão em ação
  - Teste da decisão em relação a resultados reais.

O Gestor Eficaz, *pp. 151-172*

QUESTIONAMENTO

Que procedimentos devo seguir ao tomar decisões executivas?

_____
_____
_____
_____
_____
_____
_____
_____
_____
_____

■ *Ação* ■

Memorize essas etapas e aplique-as sempre que precisar tomar decisões complexas.

_____
_____
_____
_____
_____
_____
_____
_____
_____

Classificação do problema

- Essa situação é genérica ou uma exceção?

- As primeiras perguntas que o tomador de decisões faz são: "Essa situação é genérica ou uma exceção? Isso é algo que gera um grande número de ocorrências, ou é a ocorrência um acontecimento único que precisa ser tratado como tal?". O que é genérico deve ser sempre respondido com uma regra, um princípio. O excepcional só pode ser tratado como tal e como se apresenta. Todos os acontecimentos, salvo os verdadeiramente únicos, exigem uma solução genérica; precisam de uma regra, um princípio, uma norma.

  O Gestor Eficaz, *pp. 151-153*

QUESTIONAMENTO

A situação de decisão atual que estou enfrentando é genérica para minha empresa ou para o setor de negócios em que ela se insere? Trata-se de um evento único ou é a manifestação precoce de uma nova classe de problemas? Por que estou classificando essa decisão como genérica ou única?

_____
_____
_____
_____
_____
_____
_____

■ *Ação* ■

Selecione uma crise recorrente que sua empresa esteja enfrentando neste momento. Descubra a causa e estabeleça uma regra genérica que resolva todas as ocorrências futuras da crise atual.

_____
_____
_____
_____
_____
_____
_____
_____
_____

Definição do problema

- O próximo elemento-chave é a definição do problema. Talvez esse seja o elemento mais importante na tomada de decisões eficazes.

Tomadores de decisão eficazes aprenderam que precisam começar pela suposição de que a aparência de um problema, por mais real que se apresente, não revela o que ele realmente é. E, assim, eles podem trabalhar até compreender o verdadeiro problema.

Tomadores de decisão eficazes perguntam:
- "Do que se trata?"
- "O que é pertinente aqui?"
- "Qual é o ponto-chave desta situação?"

O Gestor Eficaz, *pp. 151-159*

■ QUESTIONAMENTO

No passado, escolhi a resposta errada para o problema certo ou a resposta certa para o problema errado? Qual dessas situações foi mais fácil de se diagnosticar e corrigir?

_____
_____
_____
_____
_____
_____
_____
_____

■ *Ação* ■

Escolha um problema que você esteja enfrentando agora. Certifique-se de que sua definição do problema explica e abrange todos os fatos ou sintomas observáveis.

Lembre-se: enquanto a definição não explicar todos os fatos observáveis, ela será a definição errada para o problema ou estará incompleta. A resposta errada ao problema certo quase sempre será mais fácil de se diagnosticar e corrigir do que a resposta certa ao problema errado.

_____
_____
_____
_____
_____
_____
_____
_____
_____
_____
_____

Especificações de uma decisão

- A pessoa eficaz sabe que uma decisão que não satisfaça às condições-limite é ineficaz e inapropriada.

    - Outro elemento importante do processo de tomada de decisão é o estabelecimento de especificações claras sobre o resultado que a decisão deve proporcionar. Quais os objetivos de tal decisão? Quais os resultados mínimos que têm de apresentar? Que condições têm de satisfazer? O gestor eficaz sabe que uma decisão que não satisfaça às condições-limite é ineficaz e inapropriada.

    O Gestor Eficaz, *p. 159*

QUESTIONAMENTO

Tomei uma decisão incorreta recentemente? Quais condições-limite deveriam ter sido atendidas pela decisão? Eu sabia de antemão que a decisão não atingiria o objetivo esperado?

_____
_____
_____
_____
_____
_____
_____
_____
_____

■ *Acção* ■

Considere uma decisão que esteja enfrentando agora. A que condições a decisão deve satisfazer? Defina essas condições-limite para a tomada de decisão.

_____
_____
_____
_____
_____
_____
_____
_____
_____

Decida sobre o que é certo

- Temos de começar com o que é certo, e não com o que é aceitável, precisamente porque temos de chegar sempre a um arranjo no final. Contudo, se não sabemos o que é correto para satisfazer as especificações e as condições-limite, não podemos distinguir entre a concessão certa e a errada – e terminaremos por fazer o arranjo errado.

O Gestor Eficaz, *p. 164*

QUESTIONAMENTO

O que é certo para uma decisão que estou considerando neste momento?

Perguntar "O que é certo para a empresa?" não garante que a decisão certa será tomada. Mesmo o gestor mais brilhante é um ser humano e está sujeito a cometer erros e ter preconceitos. Mas se ele não fizer a pergunta, isso será praticamente a garantia da decisão errada.

[*Gestores*] também sabem que uma decisão que não é certa para a empresa acabará não sendo certa para nenhum acionista. Essa [...] prática é especialmente importante para gestores em negócios de gestão familiar (ou seja, a maioria dos negócios em qualquer país), especialmente quando eles estão tomando decisões sobre pessoas. Em uma empresa familiar bem-sucedida, um parente é promovido apenas quando seu desempenho é notadamente superior ao de todos os demais membros não parentes que estão no mesmo nível.

Peter F. Drucker, "What Makes an Effective Executive",
Harvard Business Review, junho de 2004, p. 60

(A ordem desses dois parágrafos foi invertida aqui em relação à sua posição original no artigo da *Harvard Business Review*.)

Ação

Em uma situação enfrentada no momento, comece pelas etapas para atingir o resultado certo para a decisão que você tem considerado.

_____
_____
_____
_____
_____

O acordo certo

- "Meio pão é melhor que nenhum."

- Há dois tipos diferentes de arranjos. Um é exemplificado pelo velho provérbio: "Meio pão é melhor que nenhum". O outro é a história do Julgamento de Salomão, que foi claramente baseada na compreensão de que "meia criança é pior do que nenhuma". No primeiro caso, as condições-limite ainda estão sendo satisfeitas. A finalidade do pão é alimentar, e a metade de um pão ainda é alimento. Meia criança, porém, não satisfaz às condições-limite, pois meia criança não é a metade de uma criança que vive e cresce; é um cadáver dividido em dois pedaços.

O Gestor Eficaz, *pp. 164-165*

QUESTIONAMENTO

Que acordos são aceitáveis para uma decisão que estou enfrentando neste momento?

_____
_____
_____
_____
_____
_____
_____
_____
_____

■ *Ação* ■

Se precisar fazer um acordo, tome a decisão certa – aquela que, ao menos, atenda parcialmente às condições-limite.

Converta a decisão em ação

- A conversão da decisão em ação é o quinto elemento importante no processo de tomada de decisão. Apesar de a reflexão sobre as condições-limite ser a fase mais difícil da tomada de decisão, a conversão da decisão em ação eficaz costuma ser a que consome mais tempo. Contudo, uma decisão só se torna eficaz quando os comprometimentos com a ação são incluídos na decisão desde o início. De fato, nenhuma decisão pode ser tomada a menos que sua execução, em fases específicas, tenha se tornado atribuição de trabalho e responsabilidade de alguém. Até isso acontecer, só haverá boas intenções.

O Gestor Eficaz, *p. 165*

QUESTIONAMENTO

Cometi recentemente uma falha por não ter convertido uma decisão certa em ação eficaz? Que etapas omiti?

_____
_____
_____
_____
_____
_____
_____
_____
_____

■ *Ação* ■

Converta uma decisão que acabou de tomar (ou está prestes a tomar) em ação. Responda, especificamente, a estas quatro perguntas:

- Quem precisa tomar conhecimento desta decisão?
- Que ação precisa ser adotada?
- Quem adotará essa ação?
- O que essa ação deve incluir para possibilitar que as pessoas responsáveis a adotem?

_____
_____
_____
_____
_____
_____
_____
_____
_____

Teste a decisão em função de resultados reais

- Finalmente, um retrospecto deve ser previsto na decisão para permitir uma verificação contínua, contra acontecimentos reais, do que é esperado com a decisão. As decisões são tomadas por pessoas. Estas são falíveis; na melhor hipótese, suas obras não são eternas. Mesmo a melhor decisão tem grande probabilidade de estar errada. Até a mais eficaz se torna obsoleta. Precisa-se de informação organizada para verificação. Precisa-se de relatórios e de números. Mas, a não ser que se estabeleça a verificação com base na exposição direta à realidade – a não ser que a pessoa se obrigue a ir e ver –, condenamo-nos ao dogmatismo estéril e, com ele, à ineficácia.

O Gestor Eficaz, *pp. 169-172*

QUESTIONAMENTO

Baseio-me exclusivamente em relatórios formais sobre os efeitos de decisões? Costumo sair para obter conhecimento, em primeira mão, sobre resultados da decisão?

_____
_____
_____
_____
_____
_____
_____
_____
_____

Assuma responsabilidade pelas decisões

Só podemos considerar que uma decisão foi tomada quando as pessoas sabem:

- Quem é a pessoa responsável pela sua execução
- O prazo
- Quais são as pessoas que serão afetadas pela decisão e, portanto, precisam conhecê-la, compreendê-la e aprová-la, ou, pelo menos, não serem totalmente contrárias a ela
- Quem são as pessoas que precisam ser informadas sobre a decisão, mesmo que não sejam diretamente afetadas por ela.

Uma grande quantidade de decisões empresariais acaba em problemas exatamente porque não atenta para esses fundamentos. É tão importante rever decisões periodicamente [...] quanto primeiramente tomá-las com cuidado. Dessa maneira, uma decisão errada pode ser corrigida antes de provocar um real dano. Essas revisões podem abordar tudo, desde os resultados até as suposições subjacentes à decisão.

Peter F. Drucker, "What Makes an Effective Executive",
Harvard Business Review, junho de 2004, p. 61

Encare os fatos, por piores que sejam

"Faça necropsias, mas não jogue a culpa nos outros."

Jim Collins, *Empresas Feitas para Vencer*, Rio de Janeiro:
Editora Campus/Elsevier, 2001, pp. 116, 131

■ *Ação* ■

Não se afaste da realidade. Caso contrário, você acabará como vítima por insistir em um tipo de ação que não é mais apropriado ou, mesmo, racional. Desenvolva o aprendizado contínuo, obtendo *feedback* a partir de resultados da decisão. Compare esse *feedback* com suas expectativas no momento em que a decisão foi tomada.

___

___

___

___

___

___

___

___

___

___

A decisão eficaz

- Uma decisão é um julgamento. É uma escolha entre alternativas. É, raramente, uma escolha entre o certo e o errado. No máximo, é uma escolha entre o "quase certo" e o "provavelmente errado" – mas, muito mais frequentemente, é uma escolha entre duas linhas de ação, provavelmente com nenhuma delas mais perto do certo do que a outra.

  Mas os gestores que tomam decisões eficazes sabem que não se começa pelos fatos. Inicia-se com opiniões. São, naturalmente, apenas hipóteses não comprovadas e, como tais, sem valor até serem testadas pela realidade.

  O entendimento que jaz na decisão certa vem do encontro e do conflito de opiniões divergentes e de considerações sérias sobre alternativas rivais. É impossível ter primeiro os fatos. Não há fatos antes de haver critério de relevância. Os acontecimentos por si mesmos não são fatos.

  O Gestor Eficaz, *p. 173-175*

■ QUESTIONAMENTO

Começo o processo de tomada de decisão procurando pelos fatos, ou inicio pelas opiniões?

_____
_____
_____
_____
_____
_____
_____
_____

Ação

Reconheça que uma decisão é um julgamento e que não há fatos, a menos que haja um critério de relevância, ou seja, um problema claramente definido.

Comece por hipóteses não testadas

■ O único método rigoroso [...] que nos possibilita opinião em relação à realidade se baseia no reconhecimento claro de que as opiniões estão em primeiro lugar. Então, ninguém pode deixar de ver que iniciamos com hipóteses não testadas – o único ponto de partida na tomada de decisões, assim como na ciência. Sabemos o que fazer com hipóteses – não discutimos com elas, apenas as testamos. Verificamos quais as hipóteses que são sustentáveis e, portanto, dignas de uma consideração mais séria, e quais as eliminadas pelo primeiro teste em relação à experiência observável.

O gestor eficaz incentiva as pessoas a emitirem suas opiniões. Mas ele insiste que essas pessoas também devem refletir sobre o que [...] o teste da opinião em relação à realidade teria a revelar.
O Gestor Eficaz, *pp. 173-176*

■ QUESTIONAMENTO

Trato a tomada de decisão como um processo de teste de hipóteses, assim como na ciência, ou como uma busca por "fatos" com várias alternativas possíveis?

_____
_____
_____
_____
_____
_____
_____
_____

▪ *Ação* ▪

Trate o processo de tomada de decisão como um processo de teste de hipóteses que exige um critério de relevância e opiniões que precisam ser testadas em relação aos fatos observáveis.

_____
_____
_____
_____
_____
_____
_____
_____
_____

Opiniões em vez de fatos

- O gestor eficaz pergunta: "O que precisamos saber para testar a validade desta hipótese? Quais deveriam ser os fatos para tornar esta opinião sustentável?

- E ele torna um hábito – para si e para o pessoal com quem trabalha – raciocinar e apresentar as necessidades que devem ser observadas, estudadas e testadas. Insiste em que as pessoas que emitem uma opinião também assumam a responsabilidade de definir que descobertas correlatas podem ser esperadas e devem ser procuradas.

O Gestor Eficaz, p. 175

Questionamento

Que opiniões, com as quais inicio um processo de decisão atual, precisam ser testadas em relação aos fatos, a fim de que constituam uma hipótese sustentável?

_____
_____
_____
_____
_____
_____
_____
_____
_____
_____

Ação

Reflita sobre a decisão que você precisa tomar. Busque opiniões sobre ela junto a pessoas que tenham conhecimento sobre a área da decisão. Que fatos são necessários para sustentar as opiniões oferecidas? Solicite às pessoas que sustentam essas opiniões que as testem em relação aos fatos, ou faça isso por si.

A divergência é necessária

- As decisões do tipo que o gestor tem de tomar não são conseguidas de maneira adequada por aclamação.

- A não ser que consideremos as alternativas, teremos um raciocínio fechado. Isso, acima de tudo, explica por que os tomadores de decisões eficazes [...] deliberadamente provocam mais dissensão e divergências do que aprovação. As decisões do tipo que o gestor tem de tomar não são conseguidas de maneira adequada por aclamação. Só serão boas se baseadas no choque de ideias conflitantes, no diálogo entre pontos de vista diferentes, na escolha entre julgamentos diversos. A primeira regra para a tomada de decisões é que não se toma uma decisão a não ser que haja divergência.

    O Gestor Eficaz, p. 178

QUESTIONAMENTO

Como desenvolvo alternativas para decisões que precisam ser tomadas? Sofro a influência indevida de pessoas que têm a ganhar ou perder com minhas decisões? Estimulo a imaginação das partes envolvidas em uma decisão?

Primeiro quem... depois o quê

"As equipes executivas das empresas 'feitas para vencer' são formadas por pessoas que costumam debater acaloradamente em busca das melhores respostas, mas que, no entanto, se unem em torno das decisões, independentemente de interesses paroquiais."

Jim Collins, *Empresas Feitas para Vencer*, Rio de Janeiro: Editora Campus/Elsevier, 2001, p. 100

Desenvolva um processo para solicitar a divergência organizada entre os parceiros sobre alternativas de uma decisão. Ao incentivar a divergência, tenha cautela para não se atrapalhar quando algumas de suas decisões se revelarem deficientes ou erradas.

A decisão

- O tomador de decisão eficaz compara o esforço e o risco de ação com o risco de inação. Não há, aqui, nenhuma fórmula para tomar a decisão certa. Mas as diretrizes são tão claras que a decisão, no caso concreto, raramente é difícil. São elas: aja se, ao fazer uma comparação, os benefícios superarem muito o custo e o risco; e quer você aja ou não, nunca "se esquive" nem faça concessões.

O Gestor Eficaz, *p. 188*

QUESTIONAMENTO

Tenho a tendência de me esquivar de uma decisão ao saber que ela não será bem aceita?

_____
_____
_____
_____
_____
_____
_____
_____
_____

■ *Ação* ■

Não se apresse para tomar uma decisão, a menos que você tenha certeza de que a compreende bem. Mas, quando o processo estiver concluído e a decisão estiver pronta para ser tomada, quer você escolha agir ou não, nunca se esquive dela. Por exemplo, não solicite outro estudo.

_____
_____
_____
_____
_____
_____
_____
_____
_____
_____

Conclusão: A Eficácia Deve Ser Aprendida

- A GRANDE ESPERANÇA DE TORNAR PRODUTIVA A SOCIEDADE, 200

A grande esperança de tornar produtiva a sociedade

- A eficácia *deve* ser aprendida.

- A eficácia se revela crucial para o autodesenvolvimento de uma pessoa, o desenvolvimento da organização e a realização e a viabilidade da sociedade moderna.

- O autodesenvolvimento do trabalhador do conhecimento é fundamental para o desenvolvimento da organização, seja uma empresa, uma repartição governamental, um laboratório de pesquisas, um hospital ou qualquer força militar. É o caminho para o desempenho da organização. À medida que os gestores procuram tornar-se eficazes, estarão elevando o nível de desempenho de toda a organização. Eles elevam a visão das pessoas – dos outros e a sua própria.

- A eficácia dos gestores é nossa maior esperança para tornar a sociedade moderna economicamente produtiva e socialmente viável.

O Gestor Eficaz, *p. 160-164*

Questionamento

Sou mais eficaz agora do que ao começar a ler este livro? Que práticas devo retomar e repetir mais vezes?

_____
_____
_____
_____
_____

Uma das melhores práticas do gestor eficaz

Esta prática é tão importante que vou considerá-la como uma regra: *Escute primeiro, fale por último.*

Gestores eficazes são muito diferentes em termos de personalidade, pontos fortes, pontos fracos, valores e crenças. Tudo que têm em comum é fazer as coisas certas acontecerem. Alguns já nascem eficazes. Mas a demanda é alta demais para ser atendida por um talento extraordinário. A eficácia é uma disciplina. E, como qualquer disciplina, a eficácia *pode* ser aprendida e deve ser *aprendida*.

Peter F. Drucker, "What Makes an Effective Executive",
Harvard Business Review, June 2004, p. 63

Onde é o meu lugar?

Carreiras bem-sucedidas não são planejadas. Elas se desenvolvem quando as pessoas estão preparadas para as oportunidades porque conhecem seus pontos fortes, seus métodos de trabalho e seus valores. Saber qual é o seu lugar pode transformar uma pessoa comum – trabalhadora e competente, mas medíocre – em alguém com um desempenho excepcional.

Peter F. Drucker, "Managing Oneself",
Harvard Business Review, January 2005, p. 106

Liderança nível 5

"Líderes nível 5 apresentam um estilo pessoal de pura diligência operária – mais para cavalo de arado do que para cavalo de circo."

Jim Collins, *Empresas Feitas para Vencer*, Rio de Janeiro:
Editora Campus/Elsevier, 2001, pp. 57-58

■ *Ação* ■

Você pode aprender a ser uma pessoa eficaz, e a eficácia deve ser aprendida. Adote a eficácia como uma prática. Avalie periodicamente seu desenvolvimento em eficácia.

_____
_____
_____
_____
_____
_____
_____
_____
_____